Kansalaisen hyvinvointi, terveys, sairaudet ja mediaviestintä

Kaija Suonsivu

Kansalaisen hyvinvointi, terveys, sairaudet ja mediaviestintä

Kansalaisen hyvinvointi, terveys, sairaudet ja mediaviestintä

Kaija Suonsivu

Tekijä on saanut Suomen tietokirjailijat ry:n apurahan

FSC
www.fsc.org
MIX
Paperi vastuul -
lisista lähteistä
Paper from
responsible sources
FSC® C105338

Kustantaja: BoD – Books on Demand, Helsinki, Suomi

Valmistaja: Bod – Books on Demand, Norerstedt, Saksa

ISBN: 978-952-80-4654-7

Lukijalle

Seuratessani mediassa esiintyviä uutisia, pohdintoja, blokkauksia, mielipiteitä, erilaisia kirjoituksia ja totuuksia (tai nk. totuuksia) terveyteen, sairauksiin ja ihmisen elämän kokonaisuuteen liittyen on herännyt kiinnostukseni mediaan ja sen viestintään liittyvän kirjan kirjoittamiseen. Terveyttä edistäviä tai ongelmia tuottavia juttuja esitetään runsaasti mediassa. Niiden todenperäisyys askarruttaa.

Kirjan punaisena lankana on ajatus, että kansalaisen terveys ja sairaudet eivät selity eivätkä ole ainoastaan luettavissa median viestinnästä, vaan ne vaativat ihmisen omien tuntemusten kuuntelemisen sekä terveys- ja lääketieteen asiantuntijuuden. Huolta aiheuttaa se, että toisinaan ihminen uskoo ilman kriittisyyttä kaiken kirjoitetun, noudattaa vääriä terveysohjeita tai lopettaa sairautensa lääkityksen väärien uskomusten perusteella. Vastapainona monet kansalaiset suhtautuvat eri median tuotoksiin erittäin kriittisesti.

Kirjan tarkoituksena on vahvistaa ihmisen uskoa omiin tuntemuksiin, käyttämään maalaisjärkeä omassa elämässään ja ottaa vastuuta päätöksistään ja valinnoistaan. Valtaa ei tule antaa kritiikittä muille. Terveydenhuollon toimijat ovat Suomessa saaneet erinomaisen koulutuksen ammattiinsa ja toimivat luotettavina asiantuntijoina erilaisissa terveys- ja sairauskysymyksissä. Terveysalan viimeisimmät ja koetellut tutkimustulokset luovat osaltaan perusteita toiminnalle.

Tässä kirjassa tarkastelen mediaviestintää pääasiassa kansalaisen näkökulmasta. Keskityn tarkastelemaan mediaa ja sen suhteita ihmisen terveyteen ja sairauksiin monen eri näkökulman välityksellä. Pohdin muun muassa median kentän muutoksia ja laajenemista, mediakulttuuria, -osaamisen ja -taitojen tärkeyttä sekä median väline- ja tekniikkakeskeisyyttä. Pohdin myös terveysviestintää terveyden edistämiseksi ja sairauksien vähentämiseksi, terveystutkimustulosten tiedonvälitystä, eri hyvinvointitutkimuksen tulosten esiintyvyyttä mediassa ja ristiriitaisia väitteitä terveydestä. Lisäksi pohdin nykyistä ja tulevaisuuden työelämää ja mediaa, sanan vapautta ja median eettisyyttä.

Sisältö

Median kehittyminen ja mediakulttuuri

Tässä luvussa tarkastelen median ja mediakulttuurin kehittymistä vuosikymmenien aikana. Elämme maailmassa, jossa median kenttä muuttuu ja moninaistuu nopeasti. Aiemmin historian aikana ensimmäisiä informoijia olivat katolilaiset kirkot, joiden saarnatuolista käsin luettiin kuulutuksia ja näin toimivat joukkotiedotusvälineinä, seuraavaksi kehitettiin kirjapainotaito ja 1700-luvulla alkoivat ilmestyä ensimmäiset sanomalehdet. Radio ja myöhemmin televisio toimivat seuraavina tiedotusvälineinä. Kirjat ja erilaiset kustanteet laajensivat joukkotiedottamista, saavuttivat erilaisia ihmisryhmiä ja mahdollistivat verkostoitumisen. (Toffler 2006.) Maunun (2008) mukaan 1970-luvulla viestintä -käsite valtasi alaa ja termit ”vuorovaikutus” sekä ”kaksisuuntaisuus” tulivat näkyviksi, 1980-luvulla yhteisöviestintä käsitteenä alkoi vakiintua, 1990-luvulla viestintä kehittyi johtamisen välineeksi ja uusi teknologia alkoi laajeta. 2000-luvulla olivat näkyvillä globaali ja muutosherkkä ympäristö, toimintaympäristön jatkuva luotaaminen, viestintästrategiat, yhteiskuntavastuu ja tietotulvan hallinta. (Maunu 2008, Suonsivu 2018.)

Nykyisin on havaittavissa median kentän laajeneminen erilaisiksi välineiksi ja tekniikkakeskeisyydeksi. Joukkotiedotusvälineellä tarkoitetaan viestintäkanavaa tai laitetta, jolla voidaan viestiä suurille joukoille toistuvasti. Sanalla tarkoitetaan teknisten laitteiden ja järjestelmien lisäksi myös organisaatioita, jotka harjoittavat joukkoviestintää. Nykyhetken joukkotiedotusvälineitä ovat internet, lehdistö, elokuvat, radio ja televisio erilaisine kanavineen.

Laajenevia joukkotiedotusvälineitä käytetään informaation jakamisen lisäksi yhä enemmän kansalaisten viihdyttämiseen, kaupallisiin ja taloudellisiin tarkoituksiin, mielipiteiden, myös poliittisten muokkaamiseen. Median kentän muutokset ja sen, erityisesti internetin nopea kehitys, mahdollistaa globaalin tietoverkoston nopean kasvun. Nyt kehitetään verkostoitumista, erilaisia foorumeja, monikansallista viestintää, median välineiden monipuolistumista ja viestintätyylejä teknologisesti toisiinsa sopeutuvien tietokonejärjestelmien avulla. Maasillan (2017) ja Toikkasen (2017) mukaan uusimpia ilmiöitä journalismin ja median kentällä ovat välinemääräisyys, massamedia, valemedia, nettihäirintä, post-factual ja post-truth. Median kehityksessä ja saavutettavuudessa kansalaisten tietoisuuteen tulevat sekä hyvät että huonot puolet. (Maasilta 2017, Toikkanen 2017, Suonsivu 2018.)

Mediaosaaminen ja -taidot

Kuvailen tässä luvussa mediaosaamisen ja mediataitojen sisältöjä ja niiden tavoitteita kansalaisen näkökulmasta. Nykyisin puhutaan paljon mediaosaamisesta. Sitä opetetaan kaikille ikäryhmille ja oletetaan eri-ikäisten osaavan sitä nyky-Suomessa. Mitä mediaosaaminen sitten tarkoittaa? Mediaosaaminen eli medialukutaito on kykyä ymmärtää ja tulkita eri medioiden viestejä kriittisesti.

Opetusministeriön (2007) mukaan mediakasvatus on tämän päivän yleissivistystä, mediataidot tämän päivän kansalaistaitoja. Mediataidot ja -osaaminen tai medialukutaito on yksilön ymmärrystä mediasta ja sen toiminnasta yhteiskunnassa ja omassa elämässä, avaintaitojen hallintaa ja tiedon soveltamista käytäntöön. Mediataitoina voidaan pitää muun muassa kykyä tunnistaa medioita tiedon lähteinä ja tiedonhankintakykyä, kykyä käyttää ilmaisumuotoja ja kykyä oivaltaa median välittämiä merkityksiä. Mediataidoissa korostuu enenevässä määrin median vuorovaikutuksellisuuden lisääntyminen sekä median käyttäjien oma tuottaminen. Yksityisen ja julkisen rajan hahmottamisen taito painottuu. (Opetusministeriö 2007.)

Medialla viitataan siis usein mediavälineisiin. Tällöin tarkastellaan sitä teknisinä prosesseina, joiden avulla tietoa levitetään. Kulttuurisesta ja kasvatuksellisesta näkökulmasta medialla on kuitenkin laajempi merkitys. Latinan kantasanan medium pohjalta media viittaa johonkin välittävään ja toimijoita yhdistävään tekijään. Media yhdistää välittämällä viestejä. Viestintä viittaa ihmisten väliseen vuorovaikutukseen. Siinä on eroteltavissa yhteisöviestintä, joka on organisaation sisäistä tai ulkoista viestintää sekä joukkoviestintä, joka tapahtuu median välityksellä.

Yhteisöviestintä välittää organisaation yhteisökuvan. Siihen sisältyvät koko yhteisön ja sen kaikkien jäsenten toiminta ja puheet. Sen ulkoiseen viestintään sisältyy organisaation yhteiskuntasuhteet ja vuorovaikutus muiden toimijoiden ja yhteisöjen kanssa. Yleisesti ottaen mediassa on kyse viestien ja merkitysten tuottamisesta, välittämisestä ja vastaanottamisesta jonkin välineen avulla. Media on toisaalta tekninen väline ja toisaalta merkityksiä välittävä rakenne. (Opetusministeriö 2007.)

Laajassa mielessä media on keskus, joka välittää viestejä ja kerää ihmisiä vuorovaikutukseen. Suppeammassa mielessä medialla tarkoitetaan viestimiä, esimerkiksi joukkoviestimiä. Yleisesti ottaen mediassa on kyse viestien ja merkitysten tuottamisesta, välittämisestä ja vastaanottamisesta jonkin välineen avulla. Media on toisaalta tekninen väline ja toisaalta merkityksiä välittävä rakenne. Tällaisena rakenteena media pitää sisällään kulloisellekin viestimelle ominaiset tuotanto- ja ilmaisumuodot, välineiden välittämät mediatekstit ja esitykset eli ne käytännöt, joissa mediatekstiä tuotetaan, jaetaan ja vastaanotetaan. Media voidaan määritellä siis 1) teknisesti viestintävälineeksi ja 2) kulttuurisesti merkitysten välittämisen materiaalisiksi käytännöiksi. Opetusministeriö (2007) on luonnehtinut mediaosaamista seuraavasti:

> ”Mediaosaamisella viitataan yksilön mediataitovalikoimaan, joka aktivoituu käyttöön tilannekohtaisesti. Mediataitojen ja -osaamisen keskiössä on vahvistunut toimijuus ja persoona, joka hallitsee erilaisia mediaympäristöjä ja viestintätilanteita. Mediataidot nähdään siis kansalaistaitoina informaatioyhteiskunnassa. Mediataidot ja -osaaminen

> on yksilön ymmärrystä mediasta ja sen toiminnasta yhteiskunnassa ja omassa elämässä, edellä mainittujen avainalueiden hallintaa ja tiedon soveltamista käytäntöön. Perustaitoina voidaan pitää muun muassa kykyä tunnistaa medioita tiedon lähteinä ja tiedonhankintakykyä, kykyä käyttää symbolisia ja esteettisiä ilmaisumuotoja ja kykyä oivaltaa median välittämiä merkityksiä. Kehittyneimmissä taidoissa ovat mukana median avainalueisiin liittyvien sisältöjen analyysi, vertailu, arviointi, synteesi, abstrahointi ja kyky luovaan median käyttöön. Näiden jatkuvasti kehittyvien taitojen avulla voidaan monipuolisesti ja kriittisesti vastaanottaa ja valita medioita ja tekstejä, arvioida ja analysoida niitä, sekä tuottaa mediatekstejä ja -merkityksiä. Näitä taitoja voi lähestyä kognitiivisina, emotionaalisina, moraalisina, esteettisinä, affektiivisina, motorisina, sosiaalisina, persoonallisina ja yhteiskunnallisina valmiuksina".

Nyt mediatarjonnan kasvaessa ja muuttaessa muotoaan sekä tietoverkkovälitteisten palvelujen lisääntyessä mediaosaamisen merkitys ja tarve korostuvat. Viime vuosien voimakas kehityssuunta on ollut kansalaisen roolin muutos median käyttäjästä tekijäksi, mediatekstien ja muiden sisältöjen tuottajaksi ja aktiiviseksi toimijaksi. Mediataidot ovat elämänhallinnan taitoja, aktiivisen kansalaisen taitoja, oppijan taitoja sekä osa elinikäistä oppimista. (Torkkola 2008, Suonsivu 2018.)

Ulla Järven toimittamassa teoksessa Tautinen media (2014) tarjotaan työkaluja terveysviestinnän tulkitsemiseen. On tärkeää se, että kansalaiset seuraavat ja tulkitsevat median uutisia ja kirjoituksia tarkasti ja kriittisesti.

Järven mukaan muualla maailmassa terveysviestinnän medialukutaitoon on panostettu jo pitkään. Britanniassa kansallinen terveyspalvelu NHS on luonut Behind the Headlines -verkkosivuston, jossa analysoidaan joukkoviestimissä julkaistuja lääketieteen tutkimusuutisia ja verrataan niiden sisältöä alkuperäiseen tutkimukseen. (Järvi 2014, Dadi 2015.)

Näkökulmia kansalaisen hyvinvointiin, terveyteen ja sairauksiin

Mediakulttuurin kehittymisen tiedostaminen ja mediataitojen tärkeyden havaitseminen ovat ajankohtaisia elämässämme. Tässä luvussa siirryn tarkastelemaan median taustoina olevia yksilön hyvinvointia, kansalaisen terveyttä ja sairauksia eri osa-alueiden kautta. Tarkastelen lähemmin yksilön hyvinvointiin ja median viestintään vaikuttavina taustatekijöinä Sosiaali- ja terveysministeriön laatimaa Strategia 2030- julkaisua sekä Sosiaali- ja terveysministeriön tulevaisuuskatsausta. Ne tuovat julki osaltaan nykyisen yhteiskunnan kulttuurin tilan. Mitä yksilön hyvinvointi sisältää? Hyvinvoinnin määritelmän laajuus heijastuu median terveysviestinnän sisältöihin. Myönteisen hyvinvoinnin käsitteen tarkastelu on ajankohtaista. Nykyisin hyvinvointia tarkastellaan yksilön kokemuksena omasta voinnistaan, terveydestään ja jaksamisestaan.

Sosiaali- ja terveysministeriön (2005) mukaan ihmisen hyvinvointi on tyytyväisyyttä omaan elämään ja tasapainoa arjen vaatimusten ja mahdollisuuksien välillä eri elämäntilanteissa.

Ihmisen hyvinvointi muodostuu työn ja vapaa-ajan harmonisesta tasapainosta (taulukko 1). (Suonsivu 2009a, Suonsivu 2019.)

Taulukko1. Hyvinvoinnin sisältöjä

Hyvinvointi on myös osallisuutta ja mahdollisuutta vaikuttaa itseään koskeviin asioihin ja ympäristöön. Arkielämän sujuminen, kuten toimeentulo ja työ, joka vastaa yksilön edellytyksiä ja johon liittyy aikaansaamisen tunne sekä oppimiskokemuksia, edistää hyvinvointia niin työssä kuin vapaa-aikanakin. Terveelliset elintavat, ihmisen kannalta mielekkäät vapaa-ajan harrastukset ja läheiset ihmissuhteet tasapainottavat työn aiheuttamaa rasitusta. Hyvinvointi ja sen osatekijät näyttäytyvät erilaisina eri elämänvaiheessa".   Ihmisen hyvinvointia voidaan tarkastella myös aineellisen elintason (having), inhimillisen yhteisöllisyyden (loving) ja oman arvon sekä identiteetin muodostamisen välttämättömyyden (being) näkökulmista (Allardt 2000). The Oxford English Dictionary (2007) määrittelee hyvinvoinnin käsitteen sisältävän hyvän voinnin tai hyvän terveyden tilan

Yksilön hyvinvoinnin alueina voidaan eritellä henkinen, psyykkinen, sosiaalinen ja fyysinen sekä taloudellinen hyvinvointi. Jokainen hyvinvoinnin alue tarkoittaa kokemuksellisesti yksilölle erilaisia asioita ja merkityksiä. Laajan hyvinvoinnin käsitteen sisällöissä kohtaavat inhimillinen, ymmärtävä kokemusmaailma ja taloudellinen resurssimaailma. Hyvinvointi on tyytyväisyyttä omaan elämään ja tasapainoa arjen vaatimusten ja mahdollisuuksien välillä eri elämäntilanteissa. Hyvinvoinnin perustan muodostavat terveys ja toimintakyky, sosiaalinen turvallisuus ja sosiaaliset suhteet, asuminen sekä viihtyisä ja terveellinen asuin- ja elinympäristö, lähiyhteisön ja yhteiskunnan tarjoamat palvelut ja resurssit sekä sivistys- ja kulttuuripalvelut sekä yksilön taloudellinen tilanne (Sosiaali- ja terveysministeriö 2005).

Taloudellinen hyvinvointi on tärkeä osa-alue kansalaisen hyvinvointia tarkasteltaessa. Yhteiskunnan arvomaailmalla on suuri vaikutus yksilön hyvinvointiin ja terveyteen. Mielestäni yhteiskunnalliset vaikutukset toimivat taustana toisaalta yksilön hyvinvoinnille ja myös median toiminnalle. Median suhde kansalaisen hyvinvointiin, terveyteen ja sairauksiin perustuu aina osaltaan yhteiskunnan nykyiseen tilaan, historialliseen ajanjaksoon ja senhetkisiin arvoihin ja periaatteisiin. 1800-luvun lopulta peräisin oleva uusklassinen talousteoria on pohjana osin nykyiseenkin taloustieteelliseen ajatteluun. Markkinatalous, markkinahinnat ja organisaatioiden tulostavoitteet ovat talouden toiminnassa tärkeitä. Kansalaisten hyvinvointiin ja sen parantamiseen on yhdistetty suuret tulot, ostovoima ja suuri ostettujen hyödykkeiden määrä. (Hoffrén 2011.)

Yhteiskunnan taloudellinen ajattelu on muuttumassa ja osin muuttunut. Kansalaisen hyvinvointia voidaan lisätä paitsi markkinatalouden kriteereillä myös luonnon ja ympäristön tarjoamilla ilmaishyödykkeillä, joita ihmiset voivat hyödyntää täysin vapaasti (ks. luettelo alla). Luettelon esittämää kokonaisuutta on vaikeata arvioida kansalaisen hyvinvoinnin kannalta, koska niitä ei pystytä hinnoittelemaan ja ilmaishyödykkeitä on runsaasti saatavilla.

Hoffrén (2011) on kuvannut yksilön hyvinvointia taloudellisen hyvinvoinnin näkökulmasta. Hoffrénin mukaan taloustiede onkin keskittynyt tarkastelemaan vain taloudelliselta kannalta niukkojen hyödykkeiden markkinoilla tapahtuvaa vaihtoa. Ihmisen kokonaishyvinvoinnin kannalta on hyvä huomioida talousajattelun laajentaminen alla olevan luettelon mukaisesti ja liittää osa-alue yksilön kokemaan laajaan hyvinvointiin. Yksilön kokonaishyvinvoinnin osatekijät:

Talouden tuottamat
markkinahintaiset hyödykkeet
-tavarat ja muut tuotteet
-aineettomat palvelut

Muut aineettomat hyödyt,
kuten
-yhteiskunnallinen oikeudenmukaisuus
-sivistystaso
-terveyteen liittyvät arvot

Ympäristön ja luonnon
tarjoamat hyödykkeet
-ympäristövarat
-ympäristön käyttö virkistykseen
-muut ekosysteemien tarjoamat
palvelut

Kokonaishyvinvoinnin tekijöiden lisäksi terveysviestinnän toimijoiden tulee tarkastella ja peilata nykyistä kansalaisen hyvinvointia eheään yhteiskuntaan ja kestävään hyvinvointiin. Sosiaali- ja terveysministeriö on laatinut Strategian 2030, johon sisältyvät ministeriön näkemykset missiosta, arvoista ja visiosta kansalaisten hyvinvoinnin turvaamiseksi tällä ja ensi vuosikymmenellä (taulukko 2).

Taulukko 2. Strategia 2030.

Eheä yhteiskunta ja kestävä hyvinvointi	Strategia 2030
Missio Turvaamme ihmisten toimintakykyä, toimeentuloa ja palveluja Arvot Oikeudenmukaisuus Rohkeus Avoimuus Visio Eheä yhteiskunta ja kestävä hyvinvointi	Tavoitteet Aktiivinen osallisuus Kestävä rahoitus Yhteen toimivat palvelut ja etuudet Hyvinvointia työn murroksessa Turvallinen ja hyvinvoiva työ- ja elinympäristö

Lähde: Sosiaali- ja terveysministeriö 2020a.

Sosiaali- ja terveysministeriön tehtävänä on turvata ihmisten toimintakykyä, toimeentuloa ja palveluja, jotta voimme elää yhdenvertaisessa, kestävässä ja vakaassa yhteiskunnassa (Missio). STM:n esittäminä arvoina ovat oikeudenmukaisuus, rohkeus ja avoimuus. STM-konsernin toimintaa ohjaavan vision tavoite on eheä yhteiskunta ja kestävä hyvinvointi. Tämä tarkoittaa, että hyvinvointi on sosiaalisesti, ekologisesti ja taloudellisesti kestävää.

Vision lähtökohtina ovat tulevaisuuden maailmanlaajuiset megatrendit ja niihin varautuminen. Näitä ovat muun muassa muuttuva väestörakenne ja globalisaatio, työn murros ja teknologinen kehitys sekä osallistuva yksilö. STM:n tulevaisuuskatsauksen mukaan Sosiaali- ja terveyspolitiikkaan vaikuttavat tulevaisuudessa:

- Väestörakenne ja globalisaatio

Suomen väestörakenne muuttuu, kun väestö ikääntyy, syntyvyys laskee ja muuttoliike moninaistuu. Määrätietoisia toimia tarvitaan ehkäisemään eriarvoisuutta sosioekonomisten ryhmien, sukupuolten ja maantieteellisten alueiden välillä. Syrjäytymiseen pitää puuttua. Samalla ilmastonmuutos, rajat ylittävät terveysuhat, sään ääri-ilmiöt ja niistä aiheutuvat luonnon katastrofit lisäävät yhteiskunnallista epävarmuutta. Väestön hyvinvointiin vaikutetaan ylläpitämällä ja parantamalla ikääntyneiden toiminta- ja työkykyä.

Tähän tarvitaan paljon uudenlaisia ratkaisuja, jotka tukeva ihmisten hyvinvointia, asumista ja toimeliaisuutta. Hyvinvointivaltion rahoitus, demokratian toimivuus, turvallisuus ja hyvinvointi ovat näiden haasteiden vuoksi koetuksella.

- Työn murros ja teknologinen kehitys

Elinkeinoelämän globaali rakennemuutos muuttaa hyvinvointiyhteiskunnan toimintamalleja. Työn muoto, sisältö, merkitys, työnjako ja työnantaja-työntekijäsuhde muuttuvat.

Muutos jatkuu myös tulevaisuudessa, jolloin yhä useamman toimeentulo perustuu projekteihin, rinnakkaisiin työsuhteisiin ja itsensä työllistämiseen. Siirtymät töiden välillä ovat katkonaisia ja välissä voi olla ajoittaisia työttömyysjaksoja. Työn murros vaikuttaa myös siihen, miten ihmiset voivat sovittaa yhteen työn ja yksityiselämän. Työn murros on kytköksissä myös teknologiseen kehitykseen, sillä se vaikuttaa tuotanto-organisaatioiden ja kuluttajien väliseen kanssakäymiseen sekä tapoihin tehdä työtä.

- Osallistuva yksilö

Ihmisen hyvinvointiin vaikuttavat kokemukset osallisuudesta, merkityksellisyydestä ja ryhmään kuulumisesta. Monet etsivät entistä aktiivisemmin mahdollisuuksia osallistua ja vaikuttaa esimerkiksi sosiaalisen median ja digitaalisten palvelujen välityksellä. Jokainen ihminen on voimavara, jonka toiminta- ja työkyvystä sekä osallisuudesta huolehtimalla taataan yhteiskunnan kestävyys ja vakaus.

Tasapainoinen yhteiskuntakehitys perustuu sille, että päätöksenteossa otetaan huomioon ihmisten erilaiset peruslähtökohdat ja sovelletaan nykyaikaisia toimintatapoja. Esimerkiksi tekoäly, täsmälääketiede ja sosiaaliset innovaatiot voivat mullistaa toimintatapamme samaan tapaan kuin antibiootit tai kuvantamismenetelmät aikoinaan. Uudet tavat auttavat tunnistamaan ihmisten tarpeita entistä paremmin ja ne tehostavat diagnostiikkaa, palveluvalintoja, lääkekehitystä ja omahoitoa.

Lähde: Riikka Pellikka, Sosiaali- ja terveysministeriö 2018.

Kansalaisen kokonaishyvinvoinnin ja terveyden edistämisessä sekä sairauksien hoidossa on nähtävillä monia edistysaskeleita. Esimerkiksi Sosiaali- ja terveysministeriö on julkaisut työryhmän ehdotuksena Kansallisen genomistrategian (2015a) Parempaa terveyttä genomitiedon avulla. Strategiassa todetaan että,

> ”perimän tutkimuksessa saavutetut edistysaskeleet ovat johtamassa uuteen aikakauteen lääketieteessä. Genomitiedon eli ihmisen koko perimästä saatavan tiedon käyttö terveydenhuollossa yleistyy lähivuosina. Tulevaisuudessa terveyden edistäminen ja sairauksien hoito suunnitellaan usein yksilöllisesti perimästä saatavan tiedon perusteella. Tähän muutokseen on valmistauduttava huolella. Kansallisessa genomistrategiassa esitetään keskeiset toimenpiteet, joilla varmistetaan, että vuonna 2020 genomitietoa hyödynnetään Suomessa tehokkaasti ihmisten terveyden hyväksi terveydenhuollossa ja terveyttä ja hyvinvointia edistävässä päätöksenteossa”.

Sosiaali- ja terveysministeriön (2015a) mukaan yllä olevaan tavoitteeseen pääsemiseksi edellytetään kansallisen genomitietokannan perustamista ja mahdollisuutta hyödyntää sitä potilaiden hoidossa ja tieteellisessä tutkimuksessa. Terveydenhuollon ammattilaisten valmiuksia käyttää genomitietoa ja ihmisten kykyä tehdä omaan terveyteen liittyviä päätöksiä on tarpeen vahvistaa. Suomen vankka osaaminen geenitutkimuksessa, kattavat terveystietojen tietovarannot ja biopankkien korkealaatuiset näytekokoelmat muodostavat huomattavan kansallisen pääoman, johon perustuen ehdotetut toimenpiteet voidaan toteuttaa".

Sosiaali- ja terveysministeriön (2018) mukaan genomitiedon tuomat mahdollisuudet sairauksien diagnosointiin ja hoitoon vaikuttavat terveydenhuollon ammattilaisten työhön. Genomitieto antaa uusia keinoja sairauksien tunnistamiseen, hoitoon ja ennaltaehkäisyyn. Perinnöllisyyslääketieteen professori Kristiina Aittomäen (2013, 2018) mukaan genomitieto mullistaa esimerkiksi joidenkin syöpäsairauksien ja perinnöllisten sairauksien diagnosointia ja hoitoa. Hän näkee, että perinnölliset syyt ovat taustalla useimmiten harvinaisia sairauksia sairastavilla, jolloin genomitiedolla on suuri merkitys heille. Harvinaisen sairauden diagnosointi saattaa viedä vuosia tai jopa vuosikymmeniä, jolloin väärien tutkimusten ja hoitojen välttäminen genomitiedon avulla tarkoittaa myös merkittäviä kustannussäästöjä. Syöpäsairauksissa genomitietoa hyödynnetään jo laaja-alaisesti, sillä kasvaimen genomitiedosta on apua myös hoidon valintaan. Tulevaisuudessa genomitietoa voidaan hyödyntää yhä enemmän sairauksien ehkäisemisessä tai yksilöllisempien lääkkeiden valinnoissa (Sosiaali- ja terveysministeriö, 2015a, 2018).

Edellä kuvailtuun genomitiedon aiheeseen ja sen kokonaisuuteen kannattaa terveysviestijöiden kiinnittää huomiota, sillä nyt ja tulevaisuudessa tiedot voivat toimia tosiasiallisina terveysviestinnän perustoina. Alan tutkimustulokset, sairauksien ehkäiseminen ja ihmisen terveyden ylläpitämisen vahvistamiskeinojen kehittäminen ovat terveysviestien sisältöjen kokonaisuudessa tärkeitä.

Median ja kansalaisen hyvinvoinnin, terveyden ja sairauksien suhde

Edellä olevassa luvussa määrittelin yksilön terveyttä sekä yhteiskunnallisia tekijöitä suhteessa kansalaisen hyvinvointiin. Tarkastelin sosiaali- ja terveysministeriön luomia strategioita, arvoja ja kehitysaskeleita yksilön terveyden edistämiseksi. Yhteiskunnan lait, arvot, linjaukset ja ohjaukset toimivat vahvana pohjana median ja kansalaisen hyvinvoinnin suhteeseen. Terveyden, sairauden ja hyvinvoinnin merkitykset nousevat siis kulloisestakin yhteiskunnallisesta ajasta ja tilasta. Ne muuntuvat kulttuurikäsitysten mukana ja sitoutuvat arvomaailmoihin ja ihmiskäsityksiin. Voidaankin pohtia, millaiseen ihmiskäsitykseen nykyiset terveyden ja hyvinvoinnin käsitteet pohjautuvat.

Historian aikana terveyden ja sairauden käsitteet ovat muuntuneet vahvasta biologisesta käsityksestä humanistisempaan ihmiskäsityksen suuntaan. Yhä edelleen on näkyvillä voimakkaasti sairaus- ja tautikeskeistä ajattelua. Yksilö sairastaa jotain tautia, joka mekanistisesti poistetaan tai hoidetaan. Tämän jälkeen yksilö on terve. Humanistinen ihmiskäsitys ilmentää terveyttä tai sairautta yksilöllä koko elämään vaikuttavana asiana, ei vain oireena tai häiriönä. (Suonsivu 2018.)

Tässä luvussa kuvailen median moninaista yksilöllistä suhdetta kansalaisen hyvin- ja pahoinvointiin. Suhde on moniselitteinen. Tietomme median positiivisesta tai negatiivisesta roolista kansalaisen terveyden suhteen, oikean tiedon jakamisesta, vallasta, vallankäytöstä, seurausvaikutuksista ja manipuloinnista suhteessa kansalaisiin ovat lopulta vähäisiä. Onko sairauksien ja terveyden käsittely tiedotusvälineissä muuttunut vuosikymmenten aikana? Jos, niin miten? Terveysviestinnän ja median suhde kansalaisen hyvinvointiin on nykyisin ristiriitainen. Terveyttä ja kansalaisen hyvinvointia käsittelevässä uutisoinnissakin voivat sekoittua faktatieto viestittäjän omiin tunteisiin ja omiin tai toisten yksittäisiin kokemuksiin.

Elämme yhä monimuotoisemmassa maailmassa. Koskaan aiemmin eivät ihmiset ole saaneet niin paljon ja nopeasti erilaisia pieniä tai laajamittaisia tietoja tai uutisia kuin nykyisin. Media välittää meille tietoja yhä useammasta näkökulmasta nähtynä.

Uutiset liittyen kansalaisen hyvinvointiin, pahoinvointiin, terveyteen tai sairauksiin esiintyvät mediassa viikon jokaisena päivänä. Postiviinen asia on, että saamme tietoja välittömästi, kun on jotain tapahtunut, saatu tutkimustuloksia tai uusia sairauksia on ilmaantunut jossain päin maailmaa. Huonoa on se, että uutiset pirstoutuvat, totuudet vaihtelevat päivittäin niin, että yksittäisen ihmisen on vaikeata sijoittaa saamaansa uuden tiedon palasta entiseen, aikaisemmin muodostamaansa tietokokonaisuuteen.

Saamme median välityksellä jopa päivittäin tai joskus muutaman tunnin välein tiedon palasen, jota on vaikeata sijoittaa terveyden tai sairauden palapelin kokonaisuuteen. Millainen on nykyinen median suhde kansalaisen terveyteen tai sairauksiin? Emme voi tarkastella yhden suhteen kokonaisuutta, vaan eri mediat tuottavat omia sisältöjään toimittajien tai tuottajien näköisinä ja ehkä mielenkiinnonkin mukaisina. Median tuotos sinällään voi olla ymmärrettävä ja totuudellinen, tiedon vastaanottajan näkökulmasta se saattaa aiheuttaa hämminkiä sen vuoksi, kun tuotetut uutiset voivat olla tyystin erilaisia tai kumota toinen toistaan. Jos esimerkiksi diabetes aiheuttaa ihmiselle hoitoongelmia, voi mediassa esitetyt ravintoa koskevat tiedot poiketa toisistaan tai yleisistä sairauden hoitoa koskevista hoito-ohjeista.

Vienna Setälä on artikkelissaan ”Terveyden esikuvat, pudokkaat ja inhimillinen epävarmuus – monitieteinen näkökulma mediapuheeseen” pohtinut ja käsitellyt edellä olevaa asiaa ja kirjoittanut (Tautinen media 2014) että

> ”perinteisesti on ajateltu, että ihmisille voidaan välittää tietoa, josta on siivilöity pois inhimillisen tekijän vaikutus. Ihmiset kuitenkin suhteutuvat mediassa tai aidoissa kohtaamisissa tarjolla olevaan tietoon omasta ympäristöstään käsin. Tiedon konteksti vaikuttaa siihen, mitä tieto itse kullekin meistä merkitsee.
>
> Tiedon kohtaamiseen vaikuttavia tekijöitä voivat olla ihmisen ammatti ja asema. On todennäköistä, että kun mediassa kerrotaan tuhlaamiseen vaikuttavan geenin löytyneen, nilsiäläinen kirvesmies ottaa esityksen vastaan eri tavoin kuin helsinkiläinen lääkäri. Silti sosiodemografiset tai kulttuuriset erot eivät selitä, miksi asiajournalismissa kinastellaan lasten lailla terveysaiheista ja filmaattiset ekspertit esittävät väitteitä, joiden soveltamisen seuraukset ovat terveyden näkökulmasta kyseenalaisia.

> Viestinnän kulmakivenä on perinteisesti pidetty rationaalista yksilöä, joka perustaa toimensa faktatietoon. Ihmisellä on vahva taipumus järjestää, luokitella ja hallita. Perinteinen käsitys objektiivisen tiedon välityksestä istuu tiukassa, vaikka sitä on kritisoitu välinpitämättömyydestä tiedon kontekstia sekä tieteen ja muun yhteiskunnan suhdetta kohtaan. Inhimillisessä kanssakäymisessä ei ole järjen kategorioita tai erillisiä tiedon ja ei-tiedon alueita. Ajattelu, kokemukset ja tunteet sekoittuvat ja muuntuvat yhä uudelleen kohdatessamme toisiamme.
>
> Sovellamme median kanssa toki tietoista järkeä. Sen rinnalla kulkee kognitiivisia malleja, jaettuja kulttuurisia tarinoita ja psyykkisen suojautumisen ja samastumisen mekanismeja. Viimeksi mainituissa hyödynnämme implisiittistä muistia. Tämä tarkoittaa, että merkittävä osa vuorovaikutuksestamme median kanssa tapahtuu tietoisen havaintomme ulkopuolella".

Ulla Järvi on toimittanut kirjan Tautinen media (2014), jossa käsitellään terveysvalistusta, terveyskirjoittelua ja terveysjournalismin kokonaisuutta. Kirjassa todetaan, että terveysjournalismi on kehittynyt, kokenut suuria muutoksia ja muuttunut aiempaa viihteellisemmäksi samalla kun sosiaalinen media ja internet ovat arkipäiväistyneet ja laajentuneet välineinä jokaiseen kotiin. Ihmiset ovat kasvattaneet kiinnostustaan ja uteliaisuuttaan hyvinvointiaan ja terveyttään kohtaan. Seurauksena jopa joka kymmenes juttu mediassa käsittelee jollain tavoin ihmisen hyvinvointia tai terveyttä.

Median terveysviestinnässä tuotetaan yksilön eri hyvinvointialueiden tutkimustuloksia. Ulla Järven mukaan (2014) "terveysviestinnän mediavälitteisyys muuttaa käsityksiä terveydestä. Terveysjournalismi paitsi kuvailee sairauksia ja tuo julki ihmisen äänen, se myös antaa sairauksille kuvastoa ja käsitteitä". Mitä erilaisista ja nopeasti vaihtuvista tutkimustulosten viestinnöistä seuraa? Milloin terveysmarkkinointi muodostuu manipulaatioksi tai mitkä ovat terveysterrorismin ominaispiirteitä? Mikä on lopulta median rooli ja terveysvaikutukset kansanterveydessä?

Miten ylläolevia teemoja seurauksineen käsitellään tai tulisi käsitellä päivittäisessä mediassa niin, etteivät ne lisäisi pahoinvointia, turvattomuutta ja pelkoja tulevaisuudesta? Yhteneviä vastauksia yllä oleviin ei ainakaan toistaiseksi ole olemassa. Kuitenkin on erittäin tärkeää nostaa yleiseen keskusteluun median keskeisyys nykyistä elämäämme koskien. Myös mediaan kohdistettu tutkimus on tärkeää. Kansalaisten terveys ja hyvinvointi pitää olla median julkaisuissa faktatietoa. Kansalaisen sairastuttua hänen haavoittuvuutensa lisääntyy ja sen vuoksi median tiedon anto vaatii erityistä moraalia ja eettisyyden herkkyyttä.

Terveys- tai sairausasioissa median tehtävänä on tuoda esille erilaisia tapoja ajatella terveyteen liittyvistä tekijöistä ja siitä, miten ja minkälaiset asiat linkittyvät toisiinsa. Viestijän on tärkeää tuntea omat motiivinsa tiedon tuotoksen suhteen eli pohtia miksi teet mitä teet, minkä takia sisällöllisesti julkaiset kyseisen asian ja miksi näin. Myös on tärkeää pohtia tuotoksen julkisuuden tuomia seurauksia.

Markus Hotakainen ja Jari Mäkinen kirjoittavat kannanotossaan ”Tiedetoimittajia tarvitaan nyt enemmän kuin koskaan” (Tieteessä tapahtuu 2021, 54) seuraavasti: ”Perustellulle faktatiedolle on kysyntää enemmän kuin koskaan ennen, kun huuhaa leviää digiavaruudessa kulovalkean lailla. Ihmisten on entistä vaikeampi erottaa todet, tieteellisesti perusteltavat, ja epäaidot, pohjaa vailla olevat väitteet toisistaan. Tilannetta ei helpota joidenkin ryhmittymien tarkoituksellinen asioiden vääristely ja suoranainen valehtelu”.

Suomessa eri-ikäiset kansalaiset hakevat runsaasti median eri kanavilta terveyteen liittyviä tietoja. Terveystiedon etsiminen on helppoa ja nopeaa. Halu pitää huolta itsestä ja saada nopeasti apua ja keinoja terveyden ylläpitämiseksi saa ihmiset etsimään tietoa internetistä. Suomessa vuoden 2013 aikana yli 70 % 18–65-vuotiaista (Tilastokeskus) oli etsinyt terveystietoa internetistä. Eniten terveystietoa hakee 26 - 45-vuotias korkeasti kouluttautunut nainen. Naiset hankkivat erityisesti ennaltaehkäisevää tietoa sairauksien ehkäisemisestä ja terveyden ylläpitämisestä.

Vuosina 2020-2021 elämme historiaan jäävää korona-aikaa, jolloin päivittäiset uutisoinnit koronasta ja sen hoidosta valtaavat median. Asiantuntijat kertovat ja jakavat koronatietoa eri näkökulmista käsin. Tiedot saattavat olla sisällöllisesti erilaisia ja ohjata kansalaisten ajatuksia eri suuntiin. Muut sairaudet ohitetaan, monet ei-kiireellisinä. Jonot toimenpiteisiin kasvavat. Tiedonhakija kohtaa siis koronasta oikean ja ajankohtaisen tiedon lisäksi myös paljon väärää, vääristynyttä tai värittynyttä tietoa, sillä tiedon tarjoajia riittää. Koronatartuntaa pelkäävä, koronaa tai muita sairauksia sairastava ihminen on erityisen tiedonjanoinen ja valmis tarttumaan jokaiseen tietoon ja terveyttä lupaavaan oljenkorteen.

Vaikka ihmiset omasta mielestään osaavat arvioida, onko tieto luotettavaa, he harvoin vaivautuvat tarkistamaan tiedon tuottajaa. Verkon sisällöntuottamisen vapaus on samalla sen vitsaus (Järvi 2014). Ricen (2006) mukaan median hyödyntämisellä terveystiedon hankinnassa on kaksi eri puolta. Media tarjoaa laajasti ja kattavasti tietoa terveysaiheista ja mahdollistaa tuen saamisen someyhteisöissä. Samalla sen kokonaisvaltaista hyödyntämistä vähentää lääketieteellisen tekstin lukemisen ja ymmärtämisen vaikeudet. Luettava tieto voi osoittautua epätarkaksi, aiheuttaa terveydellisiä riskejä ja se voi johtaa monille tavoin harhaan.

Mediassa käytävän terveyskeskustelun aktiivisuus ja dialogisuus on siis muutoksessa aiempaan verrattuna. Kansalaiset ovat nykyisin tietoisempia, valveutuneempia ja vaativampia kuin aiemmin. Monet tarkistavat mediasta oireittensa alkuperää ja hoitomahdollisuuksia. Kansalaiset haluavat tietoa nopeasti ja reaaliaikaisesti. Monet tulevat sairaanhoitajan tai lääkärin vastaanotolle oman diagnoosinsa kanssa. Media on muuttanut terveydenhuollon ammattilaisen ja kansalaisen välistä kanssakäymistä. Seurauksena media voi horjuttaa lääke- ja terveystieteen auktoriteettia. Toisaalta media on väylä terveydenhuollon ammattilaisille olla aktiivisesti kansalaisten tukena siellä, missä nämä muutenkin jo ovat. Terveysviestinnällä on suorat ja hyvät mahdollisuudet lähestyä kansalaisia ja tulla nähdyksi ja kuulluksi (Järvi 2011, Järvi 2014).

Järvi (2014) näkee, että terveysjournalismi on myös edistänyt kansalaisten oikeuksien haltuunottoa suomentaessaan ja selittäessään lääketieteellistä terminologiaa. Media on siten rakentanut yhteistä kieltä sairastavien kansalaisten ja lääkäreiden välille. Järven mukaan "vaikeistakin sairauksista, kuten syövästä tai masennuksesta, voidaan nykyisin puhua avoimesti, sillä media on antanut sairauksille sanat. Vielä oman työurani alussa 80-luvulla esimerkiksi masennuksesta kertovat lehtijutut olivat useimmiten nimettömien ja kasvottomien potilaiden tarinoita. Syövästä puhuttiin kuiskaten. Kun toimittajat toivat julkisuuden henkilöiden sairaustarinoita median areenoille, rohkaisivat esimerkit muitakin ihmisiä puhumaan".

Miten mediaan valikoituvat terveyden ja sairauksien teemat? Mediassa tarjotaan siis runsaasti, jopa päivittäin, tietoa hyvinvointiin ja terveyteen sekä eri sairauksiin liittyen. Asiantuntijoina tai valmentajina voivat esiintyä kouluttamattomat, kokemattomat tai hoito-, lääketieteellisen tai muun terveysalan koulutuksen saaneet. Valmentaja- nimikkeen voi Suomessa ottaa vapaasti käyttöön terveyden tai sairauksien hoitoon koulutettu tai kouluttamaton henkilö. Mediassa on siis luettavissa monenlaisia ohjeita ja suosituksia kansalaisen hyvin- tai pahoinvointiin liittyen.

Tietoa hakevan on toisinaan vaikeata erottaa fakta fiktiosta. Luetun tiedon erilaisuus ja ristiriitaisuudet hämmentävät. Järvi (2011) toteaa väitöstutkimuksensa pohjalta, että "terveydestä on saatavilla mediassa ristiriitaista tietoja, eikä median käyttäjä voi tietää, mikä tieto pitää paikkansa. Tiede on totta toistaiseksi. Tiede etenee hypoteesin ja tutkimuksen kautta lopputuloksiin. Seuraavana päivänä tulee seuraava tutkimus, joka voi täysin kumota edellisen tiedon, riippuen esimerkiksi erilaisesta tutkimusaineistosta ja lähestymistavasta". Toisaalta ihmisten kiinnostus omaa hyvinvointia kohtaan on kasvanut ja seurauksena lääkäriin voidaan tulla oman diagnoosin kanssa.

Lääketieteen asiantuntijoiden antama hoito ja ohjeet ovat turvallisia, samoin lääketieteen asiantuntijoiden koostamat tutkitut tiedot, synteesit ja analyysit sekä johtopäätökset. Ajantasainen koottu lääketieteellinen tieto löytyy internetin Käypä hoito -sivuilta, myös THL tutkii ja koostaa ajantasaista tietoutta terveyden ja sairauksien kysymyksistä. Internetin THL -sivuilta löytyy runsaasti tutkimusten tuloksia, uusinta tietoa saitauksista ja ohjeita ennaltaehkäisyyn ja oireitten hoitoon.

Median uutiskynnyksen ylittämiseen vaikuttavat monet tekijät. Ajankohtaiset tutkimustulokset näkyvät nopeasti eri median välineissä. Erilaiset terveysbuumit tuodaan esille. Uuden lääkkeen esittely on nopeaa. Leviävät sairaudet saavat median villiintymään. Mediassa julkituodaan asiantuntijoiden ristiriitaisiakin lausuntoja ja kannanottoja erilaisista sairauksista, tutkimustuloksista, tautitapausten määristä, oireista tai ikäjakaumista.

Ulla Järven (2011) mukaan media voi myös syyllistää sairaita. Sairastuneita ihmisiä voidaan syyttää huonosta terveytensä hoidosta. Järven väitöstutkimuksen mukaan julkisuudessa lyödään myös mielellään hintalappuja eri sairauksille. Esimerkiksi media julkaisee, miten kalliiksi masennus tai uupumus tulee yhteiskunnalle. Järvi toteaa, että media on vaiennut sairauksien taloudellisista vaikutuksista yksittäisen kansalaisen elämään, samalla tuoden esille sairauksien kansantaloudelle aiheuttamat kustannukset, hyvinvointiyhteiskuntamme perusta yhteisestä vastuusta hämärtyy.

Median terveysviestintä terveyden edistämiseksi ja sairauksien vähentämiseksi

Torkkolan (2008) mukaan media toimii terveyden edistämisen välineenä. Sen yhtenä tehtävänä on vaikuttaa kansalaisten terveysuskomuksiin, -tietoon ja -käyttäytymiseen, terveysvalistuksen, -kasvatuksen tai hyvinvointineuvonnan avulla. Ensimmäiset valistuskampanjat järjestettiin isorokkoa vastaan jo 1720-luvulla Yhdysvalloissa (Scherer & Juanillo 1992).

Suomessa on kampanjoitu muun muassa alkoholin liikakäytön vähentämiseksi, huumeiden leviämisen estämiseksi, tupakoinnin riippuvuuden ehkäisytoimenpiteiden kehittämiseksi ja monien vaarallisten tarttuvien tautien, kuten HIV:n tai koronan leviämisen ehkäisemiseksi. Asianmukaisen tiedon saanti erilaisista vaaratekijöistä on luonteenomaista valistuksen yhteydessä. Samoin korostetaan yksilön omaa vastuuta. Esimerkkinä tästä on paino-ongelmien yhteys ja liikunnan merkitys diabetekseen tai suojautuminen koronan leviämistä vastaan.

Median terveysviestintä voi olla muodoltaan yksittäisiä informaatioita sisältäviä juttuja tai esimerkiksi terveyskampanjoita, joissa on arvioitu esimerkiksi kuolleisuuden ja sairastuvuuden muutoksia. On kuitenkin vaikeaa eritellä, miten kampanjoilla voidaan lopulta edistää terveyttä ja vaikuttaa ihmisen hyvinvointikäyttäytymiseen. Mahdollisuuksia tulkintoihin on monia. Palaan siis jälleen kysymykseen, miten terveys- ja sairausviesti menee perille yksilölle?

Terveysviestinnän vaikutuksia on tutkittu jonkun verran. Tavoitteena on ollut tiedon lisääminen siitä, välittääkö media oikeaa tietoa terveydestä ja sairaudesta. Tänään pahasta, huomenna hyvästä ja ylihuomenna molempia. Terveysuutisia ahmiva lukija on syystä ihmeissään (Tiede-lehti 1/2001). Terveysviestinnän vaikutusten tutkimisen tavoitteena on ollut tiedon lisääminen siitä, välittääkö media oikeaa tietoa terveydestä ja sairaudesta. (Suonsivu 2018).

Myös television terveysviihdettä, kuten sairaalasarjoja, on tutkittu esimerkiksi niiden realistisuuden suhteen. On huomattu, että sarjat välittävät terveydenhuollon toiminnasta vääristynyttä kuvaa. Toisaalta ne herättelevät myötätuntoa sairaita kohtaan ja lisäävät ihmisten tietoutta (Suonsivu 2018). Ihmiset kertovat siis median välityksellä tarinoita. Viestinnän yhtenä tehtävänä on kertoa yhteisön tarinaa itselle ja muille: keitä me olemme, miksi me olemme, miten olemme tähän tulleet ja mihin olemme menossa (Maunu 2008).

Helena Itkosen (2009) mukaan Suomessa vallitsee terveyden arvostaminen siten, että se voi olla ihmiselle itseisarvo, mutta terveys voi olla myös väline muiden päämäärien saavuttamiseen. Terveydellä saatetaan hakea hyötyjä ihmisen menestymiseksi. Hän kirjoittaakin: "Menestymisen puolesta kamppailu edellyttää nuoruutta, terveyttä ja hyvää kuntoa. Kaikki nämä arvot näkyvät tiedotusvälineissä: lehdissä on omat lifestyle-sivunsa, televisiossa tehdään kauneusleikkauksia ja rasvaimuja, pudotetaan painoa ja kuntoillaan. Eivätkä tiedotusvälineet vain heijastele vallitsevia arvoja vaan myös aktiivisesti ylläpitävät niitä ja luovat uusia."

Itkosen (2009) mukaan lääketiede on suosittu aihe eri median välineissä. Tutkimusten mukaan terveys ja lääketiede kiinnostavat kansalaisia, koska ne käsittelevät elämän, kuoleman, terveyden ja sairauden peruskysymyksiä. Ne koskettavat jokaista. Median uutiskriteereihin lääketieteen uutiset sopivat hyvin, koska tieteenala tuottaa alati uutta tietoa.

Sinikka Torkkola (2008) kirjoittaa: "Biolääketieteellisen taudin ymmärtäminen yhdeksi historialliseksi määrittelytavaksi nostaa esiin terveyksien ja sairauksien poliittisuuden. Yksilön terveydet ja sairaudet eivät ole palautettavissa vain yksilön fyysiseen tai psyykkiseen olemiseen, vaan kyse on tuon olemisen nimeämisestä terveydeksi tai sairaudeksi." Voidaan ajatella, että terveys tai hyvinvointi eivät ole vain yksilön oma henkilökohtainen asia, vaan se laajenee jopa kansalaisuuden asiaksi. Se sisältää yksittäisenä kansalaisena velvollisuuksia ja oikeuksia, mutta myös kansalaisena tuotetaan yhteiskunnan kansanterveyttä. Tässä kohtaa media astuu esiin. (Suonsivu 2018.)

Torkkolan (2014) mukaan taudit ja koskettavat tarinat mediassa ovat myyviä:

”Terveys on normaali olotila, sairaus poikkeus. Mitä tappavampi tauti eli poikkeus on, sitä paremmin se myy.

Toinen syy sairauksien ylivaltaan mediassa on sairaustarinan suosio terveysjournalismin juttutyyppinä. Sairaustarinat ovat yleensä selviytymistarinoita, joissa on selkeä draaman kaari: kertomus alkaa sairauden toteamisella ja päättyy sairaudesta parantumiseen. Terveyden edistämisestä kertominen on tähän verrattuna abstraktimpi kokonaisuus, josta on vaikea löytää tarinan elementtejä.

Kolmas syy sairauksien suureen osuuteen uutissisällöissä on taudeille annettavat hintalaput: sairauksista kerrotaan niiden yhteiskunnalle aiheuttamien taloudellisten kulujen kautta. Sairaanhoito on kuntien järjestämisvastuulla, joten media seuraa päätöksentekoa ja kustannusten kehittymistä kriittisesti”.

Vaihtuvat kansalaisen hyvinvointiin, terveyteen ja sairauksiin liittyvät tutkimustulokset

Mitä kaikkea media ja tiedonvälitys kertoo terveystutkimuksen tuloksista? Hyvinvoinnista, terveydestä ja sairauksista tuotetaan yhä enemmän erilaisia tutkimuksia. Ne ovat laajoja kansallisia otoksia terveyteen ja sairauteen tai yksittäisiä poikkileikkauksia johonkin kapeaan ongelmaan. Erilaisissa median välineissä välitetään näitä kansalaisten hyvinvointia, terveyttä ja sairautta koskevia tutkimustuloksia. Niitä vertaillaan historiallisesti, kansallisesti, maakunnallisesti ja kansainvälisesti. Tutkimustuloksissa nousee esille pääosin lääketieteellinen näkökulma ihmisen hyvinvointiin.

Uudet, äkillisesti leviävät pandemiat, poikkeukselliset tai vaaralliset taudit nostetaan keskiöön. Tarttuvat taudit, esimerkiksi korona, tuodaan julkisuuteen näyttävästi. Kokonaisuutta tarkasteltaessa mediassa tutkitun tiedon tuloksia käsitellään ennemminkin satunnaisesti kuin systemaattisesti. Päästäkseen julkiseen keskusteluun tulisi tulosten olla hätkähdyttäviä, uusia tai jopa tunteisiin vetoavia. Niillä pitää olla markkina-arvoa tai oletetusti vaikutuksia kansantalouteen tai -terveyteen. Pinnalliset muoti-ilmiöt näyttäisivät vaikuttavan siihen, mitkä tutkimustulokset ylittävät uutiskynnyksen. Tällaisella esiintuonnilla on kaksi puolta. Ensimmäinen on se, että mahdollisista uhista pitää tiedottaa, mutta se pitäisi tehdä välttämällä pelottelua. Toinen on mahdollisten ristiriitaisten tietojen jäsentäminen ja uhkien minimointi. Media toimii siis yhteiskunnallisessa kaksoisroolissa. Se toimii yhteiskunnallisen keskustelun areenana, mutta toisaalta se osallistuu keskusteluun toimijana ja yhteiskuntaan vaikuttajana. Oma uutisarvonsa ja palstatilansa on säännöllisesti tehtävien tutkimusten tai pitkittäistutkimusten tulosten julkituonnilla ja niiden seurannoilla. Historia osoittaa, että medialla on vahvasti positiivisia merkityksiä kansanterveydelle näiden tutkimusten tulosten avulla. (Suonsivu 2018.)

Tässä osiossa tarkastelen esimerkinomaisesti muutamia tutkimustuloksia ja joidenkin tutkimustulosten vaihtelevuutta mediassa. Päihteiden käytön vuosittainen ja ikäryhmittäinen seuranta sekä sen aiheuttamat ongelmat ovat tavallisia mediauutisia. Alkoholin kokonaiskulutuksessa ja käyttötavoissa on nähtävillä muutoksia. Alkoholin kulutus on usein esillä eri kirjoituksissa ja julkisissa keskusteluissa. Suomalaisten alkoholin kulutusta seurataan ikäryhmittäin ja eri medioissa. Alkoholilain muutokset lisäsivät asian medianäkyvyyttä vuoden 2017 lopulla. Alkoholin kokonaiskulutuksen taso oli pysynyt 2016 samalla tasolla kuin vuonna 2015. Vuonna 2016 alkoholijuomien kokonaiskulutus oli 10,8 litraa sataprosenttista alkoholia 15 vuotta täyttänyttä asukasta kohden. Sataprosenttiseksi alkoholiksi muunnettuna alkoholijuomien kokonaiskulutus oli vuonna 2016 yhteensä 49,7 miljoonaa litraa.

Päihdetilastollinen vuosikirja kokosi keskeiset Suomen päihdetilannetta kuvaavat tiedot vuodelta 2018. Alkoholin kokonaiskulutus ja alkoholihaitat ovat olleet laskussa vuodesta 2008 alkaen mutta suotuisa kehitys pysähtyi vuonna 2018. Myös huumeiden käyttöön liittyvät haitat ovat lisääntyneet. Alkoholista johtuvia kuolemia oli 6,5 prosenttia enemmän kuin vuonna 2017. Alkoholiperäisiin syihin kuoli Suomessa 133 henkilöä enemmän vuonna 2018 kuin vuonna 2017. Huumemyrkytyksiin kuoli 188 henkilöä vuonna 2018, mikä on 12,6 prosenttia enemmän verrattuna vuoteen 2017. Huolestuttavaa on kuolemien lisääntyminen nuorimmissa ikäryhmissä. (Terveyden- ja hyvinvoinnin laitos 2020, Päihdetilastollinen vuosikirja 2019.)

Vuonna 2018 yli 15-vuotiaat suomalaiset kuluttivat keskimäärin noin 10,4 litraa sataprosenttista alkoholia. Vuoteen 2017 verrattuna alkoholinkulutus pysyi lähes ennallaan, lisäystä oli 0,4 prosenttia. Miehillä (20-64-vuotiaat) humalahakuinen juominen ja liiallinen alkoholin käyttö pääsääntöisesti vähenivät vuonna 2018 edelliseen vuoteen verrattuna. Poikkeuksena olivat 55-64-vuotiaat miehet, joilla sekä humalajuominen että alkoholin liikakäyttö lisääntyivät. Nuorimmilla naisilla (20-34-vuotiaat) humalajuominen ja alkoholin liiallinen käyttö lisääntyivät, kun taas 35-44-vuotiailla naisilla ne vähenivät. 45-vuotiailla ja sitä vanhemmilla naisilla humalajuominen ja alkoholin liikakäyttö pysyivät ennallaan. Viime vuosien aikana päihdehaitat näkyvät yhä vahvemmin sosiaali- ja terveyspalveluissa.

Vuosien 2014–2018 aikana alkoholisairauksiin liittyvien erikoissairaanhoidon polikliinisten käyntien määrä lisääntyi 18 prosentilla ja potilaiden määrä noin 16 prosentilla. Samalla aikavälillä sellaisten hoitojaksojen määrä, jossa alkoholi oli päädiagnoosina, on kasvanut vajaat 3 prosenttia ja vastaavasti alkoholisairauksien vuoksi vuodeosastoilla hoidettujen potilaiden määrä on vähentynyt noin 2 prosenttia hoitopäivien määrän vähentyessä yli viidenneksen (22 %). Vuosien 2014–2018 aikana myös huumesairauksiin liittyvien erikoissairaanhoidon polikliinisten käyntien määrä lisääntyi noin 23 prosentilla ja potilaiden määrä noin 33 prosentilla.

Samana ajanjaksona sellaisten hoitojaksojen määrä, joissa huumeisiin liittyvä sairaus oli päädiagnoosina, on kasvanut lähes 63 prosenttia, ja vastaavasti huumesairauksien vuoksi vuodeosastoilla hoidettujen potilaiden määrä on lisääntynyt noin 71 prosenttia hoitopäivien määrä lisääntyessä noin kolmanneksella (34 %). Päihdehuollon erityispalveluissa, kuten A-klinikoilla, ja katkaisu- ja kuntoutuslaitoksissa asiakkaiden määrä on viime vuosina pääsääntöisesti vähentynyt. Sitä vastoin päihdehuollon ensisuojissa ja asumispalveluissa asiakkaiden määrä on jonkin verran lisääntynyt. Vuonna 2018 päihdehuollon asumispalvelujen asiakasmäärä lisääntyi reilut 3 prosenttia vuoteen 2017 verrattuna. (Lainattu ote: Päihdetilastollinen vuosikirja 2019: Alkoholi ja huumeet.)

Korona-aika luo omat paineet alkoholin ja muiden päihteiden käytölle eri ikäisille kansalaisille. Median (7.4.2021) uutisten mukaan alkoholin käyttö on vähentynyt vallitsevan koronan aikana. Näyttäisi siltä, että huumeiden käyttö olisi lisääntymässä. Joissain kaupungeissa on koronan aikana otettu haltuun ennätysmääriä huumeita. Mediassa julkaistaan runsaasti huumekäyttäjien rikkeitä ja rikoksia. Tämä voi selittää osaltaan tunnetta, että niiden käyttö on runsasta. Yhä nuoremmat käyttävät erilaisia päihteitä, lääkkeitä ja huumeita. Niitä on helppo ostaa netistä, kaduilta ja jopa peruskoulujen alueilta. Koronan takia etätyöskentely on aiheuttanut perheille uudenlaisia ongelmia. Perheiden talousvaikeudet, työttömyydet, lomautukset tai irtisanomiset ovat aktivoineet perheongelmia ja jopa kotiväkivaltaa.

Vanhusten yksinäisyys ja koronan takia kotiin jääminen voivat lisätä alkoholin ja lääkkeiden käyttöä. Yhteisöllisyyden vähentyminen ja toisten samanikäisten ihmisten tapaamisten vaikeutuminen lisäävät monille ikääntyneillä yksinäisyyden tunnetta. Mediassa käydään näistä asioista uutisointia ja keskustelua. Asiallista ja ajankohtaista tietoa tulisikin jakaa entistä enemmän eri median välineiden kautta.

Korona-aikana on ollut aikaisempaa enemmän aikaa seurata esimerkiksi television sarjaohjelmia. Millaisen kuvan ne antavat alkoholin käytöstä? Joissain ohjelmissa juodaan alkoholia kokoajan. Ohjelmissa jokaiseen murheeseen, riitojen seurauksena, stressin laukaisemiseen tai työ- ja kotielämäkonfliktiin käytetään tilanteiden laukaisemiseksi alkoholia. Juhlia ei järjestetä ilman alkoholia. Ohjelmissa rakennetaan alkoholia runsaastikin nauttineiden rooleja, joiden tarkoituksena on hauskuuttaa katsojaa.

Toisinaan myös väkivalta kukoistaa. Monille lapsille tai nuorille annetaan kuva elämästä, johon automaattisesti kuuluu jokailtainen päihteiden käyttö. Kaksinaismoralismi kukoistaa, kun toisissa keskusteluohjelmissa pohditaan mielenterveyden häiriöiden lisääntymistä ja nuorten mielenterveyden hoidon osastohoitopaikkojen riittämättömyyttä ja toisissa ohjelmissa avataan säännöllisesti alkoholipullo.

Ylipaino ja siihen liittyvät terveysohjeet ovat median julkaisuissa melko tavallisia. Asiantuntijat antavat laihdutusohjeita, hyvinvointiohjeita ja terveelliseen ruokaan liittyviä ohjeita. Toisinaan ne ovat sisällöllisesti ristiriitaisia. Ylipainon osalta on huomionarvoista, että lihavien osuus 20–64-vuotiaasta väestöstä kasvanut. Niiden osuus, joiden itse raportoitujen pituuden ja painon mukaan laskettu painoindeksi on 30 kg/m^2 tai enemmän on kasvanut jatkuvasti 1980-luvun lopusta lähtien. Lihavien osuus oli 2010-luvun alussa yli kaksinkertainen verrattuna 1980-luvun alkuun. 2010-luvun aikana lihavien osuus on vielä hieman kasvanut. (THL 2017.) Naisilla lihavien osuus oli 1990-luvulla ja 2000-luvun alussa keskimäärin hiukan pienempi kuin miehillä, mutta vuodesta 2004 alkaen sukupuolierot ovat olleet vähäisiä. Vuonna 2016 lihavien osuus 20–64-vuotiaista miehistä oli 22 prosenttia ja naisista 16 prosenttia. (THL 2017.)

Televisiossa esitetään runsaasti erilaisia laihdutusohjelmia ja -kilpailuja. Tiedotusvälineissä on aiemmin vuosien aikana seurattu ja julkistettu laajoja otostuloksia sydän- ja verisuonisairauksien tutkimustuloksista. Samassa yhteydessä on vahvasti uutisoitu erilaisten riskien, terveiden elintapojen ja ennaltaehkäisyn merkityksistä sydänsairauksien näkökulmasta. (Suonsivu 2018.) Näitä on käytetty myös eräinä laihdutusohjelmien motivaattoreina. Media onkin omalta osaltaan vaikuttanut siihen, että monet ongelmat ovat lientyneet, kuten sydänkuolleisuus on Suomessa pienentynyt ja käsitykset terveydestä ovat monipuolistuneet.

Tiedotusvälineet toimivat omilla ehdoillaan, eivätkä terveysalan ehdoilla. Monet ongelmat, kuten lihavuus, ovat myös yhteiskunnallisia ongelmia, ja niihin vaikuttaminen on myös terveysviestintää. Media voi vaikuttaa yhteiskuntaan ja politiikkaan nostamalla yhteiskunnalliset ongelmat esille. Myös erilaisia terveyttä edistäviä kampanjoita on käyty mediassa, koska ylipaino on kansanterveysongelma ja kansalaiset on saatava tietoisiksi sen riskeistä. Järvi (2005) kirjoittaa Lääkärilehdessä 2/2005 otsikolla: Professori Antti Aro: Välittömästi 200 ravitsemusterapeuttia terveyskeskuksiin! Aro toteaa, että ”ravitsemuksellisesti arvioiden suomalaiset syövät terveellisemmin kuin koskaan - mutta painavat enemmän kuin koskaan! Suomalaiset saavat ravinnostaan liikaa energiaa suhteessa vähenevään kulutukseen. Lihavuus ja siihen liittyvät sairaudet yleistyvät yhä nuoremmilla. Jos mitään konkreettista ei tehdä, tämä kehitys voi kääntää sydäntautikuolleisuuden uuteen nousuun".

Kuidun käytön terveellisyys ja niiden vaikutukset suolistosairauksiin ennaltaehkäisevästi ovat vuosien ajan olleet toistuvia mediauutisia. Tutkimusten mukaan 1960-luvulla todettiin, että runsaasti kuitua syövillä on tavallista vähemmän paksusuolen syöpää, diabetesta, peräpukamia ja sydäntauteja. 1980-luvulla todettiin, että liukenevat kuidut, kuten kauran beetaglukaani, vähentävät haitallista HDL-kolesterolia. 1990-luvun tutkimustulosten mukaan kasvisvoittoinen ruokavalio vähentää yleistä syöpäriskiä, vuonna 1999 todettiin 16 vuoden seurantatutkimuksen osoittavan, että paksusuolen syöpää esiintyy naisilla yhtä paljon, söivätpä he kuitua paljon tai vähän, 2000 -luvulla kaksoissokkotutkimukset vahvistavat edellisen vuoden havainnot.

Nykyisin ajatellaan, että usko syöpäsuojaan horjuu, mutta ravintokuitu ilmeisesti ehkäisee sepelvaltimo- ja verenpainetautia sekä diabetesta, koska pari, kolme vuotta sitten median otsikot kertoivat, ettei kuitu suojaakaan suolistosyövältä.

Tutkitun tiedon tulokset aiheuttivat hämmennystä, koska kansalaisten oli annettu uskoa kuidun terveysvaikutuksiin. Hämmennystä aiheutti myös se, ettei tulokset muuttaneet vallitsevia ravintosuosituksia. Tutkimusprofessori Antti Aron (1999) mukaan on mahdollista, että taas uudet tutkimustulokset voivat muuttaa uudestaan kannanottoja. Hän korostaa "että kuituuutiset ovat olleet tutkijoille kiusallisia, mutta takaiskut kuuluvat tieteen luonteeseen: ajan ja lisätutkimusten myötä jotkin käsitykset varmistuvat ja toiset kumotaan. Tieteen tarjoama tieto on epävarmaa, totta toistaiseksi. Huolellisemmat tutkimukset suistavat vanhat totuudet jalustalta. Näin on käynyt myös kuidun tapauksessa. Syöpäsuoja on karissut, mutta samalla on tullut muuta tilalle. Kuitupitoinen ruokavalio näyttää ehkäisevän sydän- ja verisuonitauteja sekä diabetesta".

Rasvan ja hiilihydraattien runsas/vähäinen käyttö on tutkimustulosten ja asiantuntijoiden mukaan todettu ristiriitaiseksi. Nk. rasvataistelu on saanut mediassa lähes koomisia piirteitä. Median otsikoissa ja sisällöissä on esiintynyt vaihtelevasti arvioita kasvisrasvan tai eläinrasvan terveellisyydestä. Onko oliiviöljy, kasvismargariini/ kasvisrasva terveellisempää kuin voi tai jokin muu eläinrasva? Voin käytön terveellisyydestä ollaan eri mielisiä. Jotkut haluavat nimetä sen terveystuotteeksi, koska tutkimustuloksissa on todettu maitorasvalla olevan hyviä ominaisuuksia. Sen sisältämä konjugoitunut linolihappo (CLA) suojaa koe-eläimiä ainakin rinta-, iho- ja mahasyövältä. Nykyisin leimataan yksittäisen tutkimustuloksen mukaan jokin ruoka-aine joko terveelliseksi tai epäterveelliseksi. Tällöin unohdetaan asioiden ja ruokavalioiden kokonaisuudet sekä ihmisten yksilölliset sietokyvyt, ruoka-aineiden sopivuudet ja allergiat tai imeytymishäiriöt. Markkinavoimat ja rahatalous/taloudelliset intressit ja markkinaviestit sekä mainonta ovat mukana ohjailemassa tutkitun tiedon tulkitsemista ja sellaisten tuotteiden myymistä, joista on paljon tarjontaa.

Esimerkkinä tästä on taannoinen Euroopan unionin Suomeen kohdistama oliiviöljyn menekin edistämiskampanja, jonka tarkoituksena oli tuupata osa Etelä-Euroopan ylituotannosta Suomeen. Kuluttajien ja toimittajien mielen muokkaamiseen käytettiin kolmen vuoden aikana 3,6 miljoonaa markkaa. Myös kansalliset taloudelliset intressit pyrkivät ohjaamaan kansalaisten tuotteiden käyttöä. Kansalaiset voivat lukea mediasta eri maiden tutkijoiden tutkimustuloksia. Toisinaan todetaan punaviini, omenat ja muut hedelmät terveellisiksi. Suomessa on tuotu esille kotimaisten marjojen sairauksia ennaltaehkäisevät vaikutukset.

Kahvin päivittäistä käyttöä, sen terveelliseksi ja hyväksi todettua määriä ja kohtuukäyttöä on vuosikymmenien aikana tutkittu runsaasti. Ajoittain kahvin kohtuullinen käyttö on todettu terveelliseksi, esimerkiksi on esitetty sen ehkäisevän diabetesta (taulukko 3). Joissain tutkimuksissa on kahvi kokonaisuudessaan todettu haitalliseksi nautintoaineeksi, joka aiheuttaa erinäisiä terveyspulmia (taulukko 4).

Taulukko 3. Kahvin käytön hyödyt eri vuosikymmeninä

Kahvin käyttö
Hyödyt: 1989. Kahvin käyttäjillä on tavallista vähemmän paksusuolen ja peräsuolensyöpää 1992. Kahvin juonti vähentää maksakirroosikuolemia 1992. Kahvi ei lisää yleistä kuolleisuutta 1993. Kahvi parantaa keskittymis- ja suorituskykyä 1996. Kahvin juonti ei lisää sepelvaltimotaudin riskiä 1996. Päivittäinen kahvinjuonti pienentää itsemurhariskiä

Taulukko 4. Kahvin käytön haitat eri vuosikymmeninä

Kahvin käyttö
Haitat: 1978 Runsas juonti voi aiheuttaa vainoharhaisuutta 1980-luku. Kahvin litkiminen lisää sydäntautien ja haimasyövän riskiä 1989. Kofeiini aiheuttaa yöllisiä paniikkikohtauksia 1990. Kahvi saattaa kiihdyttää luukatoa 1991. Kahvinjuonnin rajoittaminen vähentää mielenterveyspotilaiden väkivaltasuutta 1993. Pannukahvi kohottaa kolesterolitasoa 1994. Tunnistettiin kahviriippuvuusoireyhtymä

Nyt tutkimustuloksissa on todettu, että kohtuullisesti käytettynä kahvi on hyvä ja turvallinen nautintoaine. Yleistä on, että ikävät terveyteen tai sairauksiin liittyvät tutkimustulokset tuodaan esille mediassa helpommin kuin positiiviset tiedot. Toisaalta nk. kansalaisen kannalta helpot ratkaisut tulokseen pääsemiseksi viehättää yksilöä. Laihtuakseen ihmisen on helpompi ottaa laihdutuspilleri kuin käydä salilla tai juoksemassa.

Sosiaalinen media ja terveysmarkkinointi

Tässä luvussa tarkastelen sosiaalisen mediaa nykyaikaisena terveysmarkkinoinnin välineenä. Sosiaalinen media on monikäsitteinen ja -ulotteinen. Sanastokeskus TSK ry:n mukaan (2010) sosiaalinen media on tietoverkkoja ja tietotekniikkaa hyödyntävä viestinnän muoto, jossa käsitellään vuorovaikutteisesti ja käyttäjälähtöisesti tuotettua sisältöä ja luodaan sekä ylläpidetään ihmisten välisiä suhteita. Sosiaalisen median piiriin kuuluvaa toimintaa ovat esimerkiksi kollektiivinen sisällöntuotanto, avoin asiasanoitus, blogien kirjoittaminen ja lukeminen, tiedostojen jakaminen vertaisverkoissa, kuluttajien välinen sähköinen kaupankäynti sekä verkkopelien pelaaminen monen kesken.

Sosiaalinen media voidaan määritellä myös vuorovaikutteisuuteen ja käyttäjälähtöisyyteen perustuviksi viestintävälineiksi, -kanavaksi tai -ympäristöksi. Se on ihmisten vuorovaikutusta verkossa. Ihmiset tuottavat ja jakavat tekstejä ja sisältöjä, jotka voivat olla juoruja, mielipiteitä, kokemuksia tai suosituksia. (Kananen 2013.) Sieltä haetaan myös terveys- ja sairaustietoa. Joissakin sosiaalisen median käsitteen määritelmissä painotetaan tietoteknisiä ratkaisuja. Sosiaalisesta mediasta käytetään lyhennettä some. (Sanastokeskus TSK ry 2010, Tietotekniikan termitalkoot 2017.)

Sosiaalista mediaa määriteltäessä nousevatkin esiin ajankohtaisuus, vuorovaikutus sekä avoimuus. Tyypillisimpiä verkkopalveluita sosiaalisessa mediassa ovat sisällönjakopalvelut, verkkoyhteisöpalvelut sekä keskustelupalstat (Sanastokeskus TSK ry 2010). Sinikka Torkkolan mukaan (2014) sosiaalisessa mediassa pääsee näkyviin sekä lääketieteellinen tauti että sairauden kokemus. Torkkola painottaa, että median palveluissa ja yhteisöissä ovat mukana myös terveydenhuollon ammattilaiset. Verkkokeskustelujen ymmärtäminen osaksi sairauksien hoitamista ja terveyden edistämistä avaa uudenlaisen mahdollisuuden ihmisen äänen kuulemiselle.

Sosiaalisen median käyttö ja suosio on arkipäiväistynyt ja lisääntynyt viime vuosina. Se on kasvanut räjähdysmäisesti viime vuosina. Varsinkin miltei kaikki nuoret 16 -24 vuotiaat käyttävät somea päivittäin tai monta kertaa vuorokauden mittaan. Suomen kansalaisista yli puolet käyttää sosiaalista mediaa. Tämän vuoksi on huomattu, että myös kansalaisten terveyden edistämiseen ja sairauksien ehkäisemiseen kannattaa panostaa mediassa.

Somessa voidaan jakaa terveysviestintää nopeasti, laajasti, monipuolisesti ja taloudellisesti. Se on kustannuksiltaan erittäin edullista. Some tavoittaa myös ihmisiä, jotka eivät aktiivisesti lue lehtiä tai seuraa televisiouutisia. Sosiaalisen media tarjoaa myös samaistumis- ja vertaisryhmiä. Vertaistuki ja yhteisöllisyys voivat auttaa kansalaista muuttamaan elintapojaan, kuten ruokavalion muutokset tai liikuntaharrastukset.

Merja Drake (2014) toteaa, että mediasta on ”koitunut myös paljon hyötyä. Kansalaiset ovat oppineet keskustelemaan, ilmaisemaan itseään ja jakamaan omia kokemuksiaan. Vertaistuen määrä on mittaamattoman arvokasta. Esimerkiksi keskustelupalstat voivat toimia osana ihmisen eheytymisprosessia”. On kuitenkin hyvä tiedostaa, että ihmisen saama vertaistuki, koetut asiat ja ratkaisut ovat kuitenkin aina ainutkertaisia, tervehtyminen on yksilöllistä. Somessa voidaan terveyttä edistäviä asioita esitellä erilaisin kiinnostavin tavoin, kuten kuvien, videoiden tai keskustelujen välityksellä. Somen sivustoilla tuotettujen tietojen, mielipiteiden tai ohjeiden todenperäisyys pitää kuitenkin tarkistaa ja todentaa ennen kuin ottaa niitä oman elämänsä ohjenuoriksi. (Närä 2019.)

Sosiaalisella markkinoinnin avulla pyritään ratkaisemaan väestön terveysongelmia käyttämällä markkinoinnin keinoja.

Sosiaalisen markkinoinnin avulla voidaan pyrkiä lisäämään kansalaisten tietoutta, uudistaa asenteita ja yksilöiden uskomuksia. Tavoitteena on myös muuttaa kansalaisten arki- ja terveyskäyttäytymistä. Sosiaalisen markkinoinnin keinot ja vaikutukset ovat sidoksissa jokaisen maan lainsäädäntöön, erityisesti markkinointia koskeviin säädöksiin. Yhteiskunnan kulttuuri, maantieteellinen ja sosiaalisen ympäristö ja taloudellinen vaurausaste sekä maan teknologinen kehitys vaikuttavat markkinoinnin menetelmiin ja tuloksiin. (Cheng ym. 2011, Hopwood & Merritt 2011, Kauronen 2019.)

Sosiaalisen markkinoinnin käyttö terveyden edistämisessä on luonteista nykyajalle. Jotta markkinointi olisi mahdollisimman kattavaa se vaatii laajaa verkostoitumista ja yhteistyötä eri kohderyhmien ja yhteistyökumppaneiden kanssa. Niitä voivat olla esimerkiksi julkinen ja yksityinen terveydenhuolto, oppilaitokset, mediaorganisaatiot, kuten televisio ja lehdistö, vapaaehtoisjärjestöt ja useat poliittiset tahot. Myös yksityiset henkilöt ja markkinatalouden edustajat, kuten kaupat, ovat tärkeitä kumppaneita. Sosiaalisella ympäristöllä ja sosiaalisella verkostolla on todettu olevan vaikutusta käyttäytymisen muutokseen. Erityisesti nuorten kohdalla sosiaalisen ympäristön vaikutus on voimakas, koska heillä on ympärillään sosiaalista muutosta edistäviä toimijoita, kuten perhe, ystävät ja vertaiset, joista löytyy muutokselle roolimalleja. (Llauradó ym. 2015, Kauronen 2019.) Sosiaalisessa markkinoinnissa yhdistetään markkinoinnin ja terveyden edistämisen menetelmiä. Erilaisia markkinoinnin toteutusmuotoja ovat esimerkiksi mainokset, televisio- tai radio-ohjelmat, koulutusseminaarit tai messutapahtumat. Nykyisin sosiaalinen media on laajentunut käsittämään sosiaalisen markkinoinnin eri tavat ja siten antaa mahdollisuuden eri-ikäisten ja erilaisten kohderyhmien löytymiseen ja verkostoitumiseen. (Cheng ym. 2011.)

Sosiaalinen media myös terveysmarkkinoinnin osalta on haastanut niin yksityisiä yrityksiä kuin julkisia terveysalan organisaatioita ja toimijoita mukautumaan uusiin haasteisiin. Uuden tiedon, tutkimustulosten ja niiden vaikutusten sekä kokemusten nopea julkistaminen ja tuottaminen useille eri median välineille vaatii aikaisempaa suurempaa muutosnopeutta, tiedon ajankohtaista analysointia ja esille tuontia. Terveysmarkkinoinnin kannalta on vaikea sellainen tilanne, jossa asetetaan vastakkain tutkimustieto, vaikkapa satojen tai tuhansien tutkimusten meta-analyysi ja yksittäisen ihmisen mututuntuma tai kokemuksellinen tieto. Silloin kansalaiset joutuvat valitsemaan, kumpaa mielipidettä he uskovat ja pitävät lopulta faktatietona.

Terveysväittämät ja media

Tässä luvussa kuvailen muutaman esimerkin avulla mediassa esitettyjä terveysväittämiä. Elämme yhteiskunnassa, jossa ihmisen terveys ja hyvinvointi ovat monille kansalaisille muodostuneet ydinasiaksi elämässä. Hyvinvoinnista ja terveydestä halutaan huolehtia koko elämän ajan. Tästä seurauksena erilaiset hyvinvointia edistävät toimijat, kouluttajat, lääkkeiden ja ravintolisien tuottajat ovat läsnä ja nopeita reagoimaan vastatakseen ihmisten tarpeisiin. Hyvinvointia lisäävien palveluiden tarjonta on määrällisesti suurta ja monipuolista. Hyvinvointia ja terveyttä lisäävinä palveluina tarjotaan kansalaisille suuri määrä erilaisia hoitoja, itsehoitokursseja, ravintolisiä tai esimerkiksi tietoa kasvien käytöstä terveyden edistämiseksi tai niiden hoitavista aineksista. Tarjonta on miltei rajatonta. Palvelujen ostajien on syytä olla tarkkana tarjontaan ja tuotteiden terveysväittämiin tutustuessaan.

Elina Saxlin-Hautamäki ja Verna Syrjänen ovat esimerkiksi tarkastelleet (2019) ravintolisiin liittyviä terveysväittämiä ja ravintolisien suojana olevia markkinointia koskevia yleisiä kuluttajansuojasäännöksiä. He toteavat, että ravintolisien tuontia markkinoille ei valvota lääkkeiden tavoin ennakkoon. Tämän vuoksi ravintolisät ovat tuoteryhmä, jonka markkinoinnissa ilmoitettavien tietojen paikkaansa pitävyyden vaatimus korostuu. Elina Saxlin-Hautamäki ja Verna Syrjänen toteavat, että ravintolisistä ilmoitettaviin tietoihin ja niiden markkinoissa esitettäviin väitteisiin soveltuu Euroopan parlamentin ja neuvoston elintarvikkeita koskevista ravitsemus- ja terveysväitteistä annetun asetuksen 1924/2006 (nk. väiteasetuksen) lisäksi elintarvikelaki (23/2006) ja maa- ja metsätalousministeriön asetus ravintolisistä (78/2010). (Saxlin-Hautamäki & Syrjänen 2019. Suora lainaus.)

Edelleen kirjoittajat näkevät, että väiteasetuksessa elintarvikkeiden yhteydessä käytetty terveysväite määritellään väitteeksi, jossa todetaan, esitetään tai annetaan ymmärtää, että elintarvikeryhmän, elintarvikkeen tai sen ainesosan ja terveyden välillä on yhteys. Terveysväitteet jaetaan asetuksessa kahteen ryhmään: ravintoaineen vaikutusta elimistölle kuvaaviin toiminnallisiin väitteisiin sekä sairauden riskin eli riskitekijän vähentämistä koskeviin väitteisiin. Tällaisten terveysväitteiden käyttö edellyttää, että väite täyttää väiteasetuksessa sille tarkemmin asetetut edellytykset ja että sen käyttö on hyväksytty etukäteen. Euroopan komissio hyväksyy sallitut terveysväitteet sille tehtyjen hakemusten pohjalta edellyttäen, että väitteen taustalla on riittävä tieteellinen tutkimusnäyttö. Komissio ylläpitää julkista luetteloa hyväksytyistä väitteistä. Kansallisen elintarvikelain mukaan elintarvikkeesta on annettava totuudenmukaiset ja riittävät tiedot. Harhaanjohtavien tietojen antaminen sekä ihmisen sairauksien ennalta ehkäisemiseen, hoitamiseen tai parantamiseen liittyvien ominaisuuksien esittäminen elintarvikkeesta tai tällaisiin tietoihin viittaaminen on kielletty. Tällaisia kiellettyjä väitteitä kutsutaan lääkkeellisiksi väitteiksi, jollainen olisi esimerkiksi Kalsium ehkäisee osteoporoosia.

Maa- ja metsätalousministeriön ravintolisistä antaman asetuksen mukaan ravintolisien pakkausmerkinnöissä, esillepanossa ja mainonnassa ei saa esittää tai viitata siihen, että tasapainoisesta ja monipuolisesta ruokavaliosta ei yleensä saisi riittävästi ravintoaineita. Ravintolisien markkinoinnissa ei myöskään saa antaa kuluttajalle virheellistä kuvaa, että tuote soveltuisi korvaamaan aterian, eikä viitata valmisteen ihmisen sairauksien ennalta ehkäisemiseen, hoitamiseen tai parantamiseen liittyviin ominaisuuksiin. (Saxlin-Hautamäki & Syrjänen 2019. Suora lainaus.)

Elina Saxlin-Hautamäki ja Verna Syrjänen (2019) ottavat kantaa terveysväitteiden turvallisuuteen ja kirjoittavat: ”Terveysväitteitä käytettäessä on myös huomioitava kuluttajaturvallisuuslain

(920/2011) säännökset, joilla pyritään ennaltaehkäisemään tuotteista kuluttajille aiheutuvia terveysvaaroja. Lain mukaan terveydelle vaarallisena pidetään kulutustavaraa tai palvelua, joka siinä olevan vian tai puutteellisuuden taikka palvelusta annettujen totuudenvastaisten, harhaanjohtavien tai puutteellisten tietojen vuoksi voi aiheuttaa vamman, myrkytyksen, sairauden tai muun vaaran terveydelle. Kuluttajaturvallisuuslain noudattamista valvova Turvallisuus- ja kemikaalivirasto Tukes voi puuttua tuotteiden markkinointiin, jos markkinoinnissa esitetään terveydelle vaarallisia väitteitä, ja tarvittaessa kieltää tällaisen markkinoinnin. Terveysväitteiden käytössä on oltava huolellinen ja varmistuttava väitteiden paikkansapitävyydestä, jotta kuluttaja ei saa virheellistä kuvaa terveydelle edullisena markkinoidusta tuotteesta. Onkin korostetun tärkeää, että yritykset noudattavat markkinointia ja erityisesti terveysväitteitä koskevia säännöksiä eivätkä liioittele tuotteen terveysvaikutuksia”.

ETM, ravitsemusasiantuntija Hanna Kautiainen (2019) on ottanut kantaa ravitsemus- ja terveysväitteisiin. Hänen mukaansa elintarvikkeiden terveysmarkkinointi EU-maissa on yhdenmukaistunut. Elintarvikkeiden markkinoinnissa saa käyttää vain hyväksyttyjä ravitsemus- ja terveysväitteitä. ”EU:n ravitsemus- ja terveysväiteasetuksen mukaan kaikkien markkinoilla käytettävien väitteiden tieteellisen taustan on oltava arvioitu ennen kuin väite voidaan hyväksyä käytettäväksi. Arvioinneista vastaa Euroopan elintarviketurvallisuusviranomaisen, EFSA:n (European Food Safety Authority), ravitsemuskysymyksiä käsittelevä paneeli, jonka lausuntojen perusteella komissio päättää väitteiden hyväksymisestä tai hylkäämisestä. Hylätyt väitteet poistetaan käytöstä siirtymäajan kuluessa. EFSA:n ravitsemuskysymyksiä käsittelevään paneeliin kuuluu noin 20 alan asiantuntijaa ympäri Eurooppaa. Paneeli arvioi väitteen takana olevan tutkimusnäytön ja antaa komissiolle päätöksenteon tueksi lausunnon tutkimusnäytön riittävyydestä. EFSA:n toimintaperiaatteisiin kuuluvat riippumattomuus ja puolueettomuus, eli paneelin jäsenet eivät toimiessaan edusta maitaan tai instituuttejaan".

Kautiaisen mukaan ravitsemusväite esittää, että elintarvikkeella on terveydelle hyödyllisiä ravitsemuksellisia ominaisuuksia, kuten esimerkiksi se sisältää D-vitamiinia. Ravitsemusväite voi koskea tuotteen energiamäärää (kcal) tai tuotteen sisältämiä ravintoaineita. Esimerkiksi Sydänmerkki katsotaan Suomessa ravitsemusväitteeksi. Ravitsemusväitteen käyttö edellyttää aina ravintoarvotietojen merkitsemistä. Lisäksi ravitsemusväitettä saa käyttää vain, jos elintarvike sisältää kyseistä ravintoainetta lainsäädännön mukaisen minimimäärän. Ravitsemusväitteitä eivät ole esimerkiksi laktoositon tai gluteeniton ravinto.

Esimerkkejä ravitsemusväitteistä:

runsaskuituinen; elintarvikkeessa oltava kuitua vähintään 6 g/100 g tai 3 g/100 kcal

rasvaton; rasvaa korkeintaan 0,5 g/100 g tai 0,5 g/100 ml

runsaasti proteiinia; tuotteessa vähintään 20 % kokonaisenergiasta tulee proteiineista

ei lisättyjä sokereita; tuotteeseen ei ole lisätty sokereita eli mono- tai disakkarideja tai muita elintarvikkeita, joita käytetään makeutustarkoituksessa. Tuote voi kuitenkin luontaisesti sisältää sokereita. (Kautiainen 2019.)

Terveysväitteitä ovat sellaiset väitteet, jotka on todettu elintarvikkeen hyödyllisistä vaikutuksista terveydelle. EU-lainsäädännön mukaan väitteen tulee olla tieteellisesti todettu ja hyväksytetty etukäteen, jotta väitettä on luvallista käyttää. EUkomissio on julkaissut listan tieteellisesti perustelluista ja hyväksytyistä terveysväitteistä. Esimerkkejä hyväksytyistä terveysväitteistä (artikla 13):

Kalsium ja D-vitamiini edistävät lihasten normaalia toimintaa

Proteiini edistää lihasmassan kasvua

D-vitamiini edistää immuunijärjestelmän normaalia toimintaa

Kalsium, D-vitamiini ja fosfori edistävät luuston ja hampaiden pysymistä normaalina

B2- ja B12-vitamiinit edistävät vireystilaa ja B2-vitamiini ylläpitää ihon terveyttä. (Kautiainen 2019.)

EU:n lainsäädännön kriteerien mukaisiksi terveysväittämiksi haetaan nykyisin paljon enemmän kuin niitä hyväksytään. Tieteellinen tarkkuus ja kriteerien tiukkuus onkin tärkeätä, jotta tuotteiden terveellisyys tulee tältä osin taattua. (Kautiainen 2019.)

Terveysviestinnän eettisyys

Tässä luvussa pohdin eettisyyttä ja sen eri näkökulmia terveysviestintään liittyen. Median julkaisuissa nousee esille luottamus, toimittajien moraali, ammattitaito ja kilpailu eri toimijoiden kesken. Yksityiset mielipiteet ja sanan vapaus voivat toisinaan asettua vastakkaisiksi. Viestinnässä on eettisyys oltava aina ydinasiana.

Terveysviestinnässä tulee olla korkea moraali ja erityisesti eettinen herkkyys sisäänrakennettuna osana median toimijoiden ammatillisuutta. Veikko Launiksen (2009) mukaan terveys on vahva eettinen arvo. Arvoille ominaiseen tapaan se joutuu puolustamaan asemaansa muiden arvojen joukossa. Kansalaisten terveys, hyvinvointi ja erilaiset sairaudet aiheuttavat moninaisuudellaan haasteita median toimijoille, jotka kilpailevat nopeudesta uutisten julkaisemiseen ja uutiskynnyksen ylittämiseen sekä tiedon leviämisasteeseen.

Terveys- ja sairaustutkimusten tulosten tulkinta muodostuu usein työlääksi ja hitaaksi prosessiksi. Lähtökohtaisesti terveydenhuollon arjen toiminnassa ovat läsnä monitasoiset ja ristiriitaisetkin eettiset arvot. Terveydenhuollon ammattilaisilla ja tutkijoilla saattavat olla keskenään ristiriitaisia näkemyksiä eettisistä asioista (Launis 2009). Seuraava tulkintavaihe saattaa olla terveysviestinnän jutun mediassa esille tuojan toimijan. Tässä vaiheessa kiire, kilpailutilanne, huolimattomuus, asioista ymmärtämättömyys, välinpitämättömyys tai muu ammatillinen puute voivat alentaa eettisyyden rajaa. Myös vuorovaikutus eri toimijoiden välillä saattaa aiheuttaa konflikteja tai hämmennystä. Jopa terveydenhuollon käyttämä kieli on usein median toimijoille vierasta. Prosessin seuraava vaihe on kansalaisen käsissä. Osaako kansalainen lukea viestin tai tutkia tiedon asiat oikein tai onko ne ilmaistu ymmärrettävästi? Yksilön käsitykset, lukutaito, lukuosaaminen, tietojen esille tuonti, otsakkeiden ja sisällön yhteydet, viestinnän selkeys ja epäselvyydet ovat tämän prosessivaiheen sisältöjä. Pystyykö ihminen reflektoimaan uuden tiedon aikaisempaan yksilön omaan tietoon, on myös tärkeä kysymys. Prosessin jokainen vaihe pitäisi olla sidottu eettisiin arvoihin.

Useilla yrityksillä ja organisaatioilla on valmisteltu eettiset arvot, näin myös median toimijoilla. Suomen tietokirjailijat ry toivoo jäsenistönsä noudattavan seuraavia suosituksia tietokirjailijan työssään. Ohjeet on tarkoitettu jäsenistön itsesäätelyyn. Ne eivät korvaa tai täydennä lainsäädäntöä tai oikeuskäytäntöä.

Sananvapaus ja tiedonvapaus ovat yhteiskuntamme perusarvoja. Niistä tulee pitää kiinni.

Suomen Tietokirjailijat ry:n (2012) suositukset sisältävät seuraavat ohjeet jotka sisältävät tietokirjailijan oikeudet ja velvollisuudet: Ensiksikin, kirjoita totuudenmukaisesti, sillä lukijalla on oikeus luottaa siihen tietoon, jota tarjoat hänelle tietokirjailijana. Kunnioita totuutta myös silloin, kun havainnollistat sanottavaasi kerronnan (fiktion) keinoin. Toiseksi tavoittele laatua, sillä huolehtimalla laadusta nostat tietokirjallisuuden ja tietokirjailijoiden arvostusta. Palvele lukijoita kirjoittamalla selkeästi ja kiinnostavasti. Kolmanneksi päivitä tietosi ja julkaise ajantasaista tietoa. Hanki näkemystä, tarjoa merkityksiä. Neljänneksi tiedosta valtasi ja käytä vastuullisesti asiantuntijan valtaasi. Viidenneksi muista kenestä ja kenelle kirjoitat ja vastaa omasta tekstistäsi. Kuudenneksi vastaa julkaisemasi tiedon oikeellisuudesta. Hyväksy tekstiisi perustellut muutokset ja korjaukset. Seitsemänneksi kunnioita toisten oikeuksia, älä varasta äläkä plagioi. Kahdeksanneksi kunnioita tekijänoikeutta ja huolehdi omista oikeuksistasi ja huolehdi omista tekijänoikeuksistasi. Yhdeksänneksi käytä oikeuttasi neuvotella ja sopia kaikesta omaan tekstiisi liittyvästä. Solmi kirjallinen sopimus, sillä se on turvallisempi kuin suullinen. Kymmenenneksi ole kriittinen ja lahjomaton, älä usko helppoihin totuuksiin, äläkä ole johdateltavissa, manipuloitavissa tai lahjottavissa. Yhdenneksitoista ole itsekriittinen ja ota asiallinen palaute huomioon sekä kehitä ammattitaitoasi. Lisäksi yhdistys noudattaa toiminnassaan seuraavia periaatteita: Yhdistys nojautuu tiedon määritelmässään vallitsevaan länsimaiseen käsitykseen: Tieto on hyvin perusteltu tosi uskomus.

Lähde: Suomen tietokirjailijat ry:n hallitus 9.2.2012 (mukailtu lainaus).

Seuraavaksi kuvailen journalisteille tarkoitettuja ohjeita. Journalisteille on valmisteltu ja hyväksytetty ohjeet, joissa ensin todetaan, että sananvapaus on demokraattisen yhteiskunnan perusta. Hyvä journalistinen tapa perustuu jokaisen oikeuteen vastaanottaa tietoja ja mielipiteitä. Ohjeiden tavoitteena on tukea sananvapauden vastuullista käyttämistä joukkoviestimissä ja edistää ammattieettistä keskustelua.

Ammatillinen asema

Journalisti on vastuussa ennen kaikkea lukijoilleen, kuulijoilleen ja katselijoilleen. Heillä on oikeus saada tietää, mitä yhteiskunnassa tapahtuu. Tiedonvälityksen sisältöä koskevat ratkaisut on tehtävä journalistisin perustein. Tätä päätösvaltaa ei saa missään oloissa luovuttaa toimituksen ulkopuolisille. Journalistilla on oikeus ja velvollisuus torjua painostus tai houkuttelu, jolla yritetään ohjata, estää tai rajoittaa tiedonvälitystä.

Journalisti ei saa käyttää asemaansa väärin. Hänen ei pidä käsitellä aiheita, joihin liittyy henkilökohtaisen hyötymisen mahdollisuus eikä vaatia tai vastaanottaa etuja, jotka voivat vaarantaa riippumattomuuden tai ammattietiikan. Journalistilla on mahdollisuus kieltäytyä tehtävistä, jotka ovat ristiriidassa lain, henkilökohtaisen vakaumuksen tai ammattietiikan kanssa.

Käsitellessään omalle tiedotusvälineelle, konsernille tai sen omistajille merkittäviä asioita journalistin on hyvä tehdä asiayhteys lukijalle, kuulijalle ja katsojalle selväksi. Myös toisen työtä käytettäessä on noudatettava hyvää tapaa. Lähde on mainittava, kun käytetään toisen julkaisemia tietoja.

Tietojen hankkiminen ja julkaiseminen

Journalistin velvollisuus on pyrkiä totuudenmukaiseen tiedonvälitykseen. Työtä tehdessään journalistin on suositeltavaa ilmoittaa ammattinsa. Tiedot on pyrittävä hankkimaan avoimesti. Jos yhteiskunnallisesti merkittäviä seikkoja ei voida muutoin selvittää, journalisti voi tehdä haastatteluja ja hankkia tietoja myös tavallisuudesta poikkeavilla keinoilla. Tiedot on tarkistettava mahdollisimman hyvin – myös silloin kun ne on aikaisemmin julkaistu.

Yleisön on voitava erottaa tosiasiat mielipiteistä ja sepitteellisestä aineistosta. Myöskään kuvaa tai ääntä ei saa käyttää harhaanjohtavasti. Tietolähteisiin on suhtauduttava kriittisesti. Erityisen tärkeää se on kiistanalaisissa asioissa, koska tietolähteellä voi olla hyötymis- tai vahingoittamistarkoitus. Uutisen voi julkaista rajallistenkin tietojen perusteella. Raportointia asioista ja tapahtumista on syytä täydentää, kun uutta tietoa on saatavissa. Uutistapahtumia on pyrittävä seuraamaan loppuun saakka.

Journalistilla on oikeus ja velvollisuus pitää tietoja luottamuksellisesti antaneen henkilöllisyys salassa siten kuin lähteen kanssa on sovittu. Jos yhteiskunnallisesti merkittävien tietojen julkaisusta aiheutuu erittäin kielteistä julkisuutta, toimituksen on suotavaa avata yleisölle, miten nimettömän lähteen ja siltä hankittujen tietojen luotettavuus on varmistettu. Otsikoille, ingresseille, kansi- ja kuvateksteille, myyntijulisteille ja muille esittelyille on löydyttävä sisällöstä kate. Ilmoitusten ja toimituksellisen aineiston raja on pidettävä selvänä. Piilomainonta on torjuttava.

Haastateltavan ja haastattelijan oikeudet

Haastateltavalla on oikeus saada ennakolta tietää, millaisessa asiayhteydessä hänen lausumaansa käytetään. Hänelle on myös kerrottava, jos haastattelua voidaan käyttää useissa eri välineissä. Haastateltavalle pitää aina kertoa, onko keskustelu tarkoitettu julkaistavaksi vai ainoastaan tausta-aineistoksi. Haastateltavan pyyntöön tarkastaa lausumansa ennen julkaisemista on syytä suostua, jos julkaisuaikataulu sen mahdollistaa. Tarkastamisoikeus koskee vain haastateltavan omia lausumia, eikä sillä saa luovuttaa journalistista päätösvaltaa toimituksen ulkopuolelle. Haastateltavan kieltoon julkaista lausumansa tulee suostua vain, jos olosuhteet ovat haastattelun antamisen jälkeen muuttuneet niin olennaisesti, että julkaiseminen olisi selvästi kohtuutonta.

Virheen korjaus ja oma kannanotto

Olennainen asiavirhe on korjattava viipymättä ja niin, että se tavoittaa mahdollisimman kattavasti virheellistä tietoa saaneen yleisön. Korjaus on julkaistava sekä tiedotusvälineen toimituksellisilla verkkosivuilla että julkaisussa tai kanavassa, jossa virhe on alun perin ollut. Korjauksen huomioarvo on suhteutettava virheen vakavuuteen. Jos jutussa on useita asiavirheitä tai jos virheestä voi aiheutua suurta vahinkoa, toimituksen tulee julkaista uusi juttu, jossa virheellinen tieto yksilöidään ja korjataan. Verkossa olennaisen virheen korjaamiseksi ei riitä virheellisen tiedon tai jutun poistaminen, vaan yleisölle on kerrottava virheestä sekä miten ja milloin se on korjattu.

Tiedotusvälineen on suotavaa tehdä yleisölle selväksi ne käytännöt ja periaatteet, joiden mukaan se korjaa virheensä. Jos selvästi tunnistettavissa olevan henkilön tai tahon toiminnasta aiotaan esittää tietoja, jotka asettavat tämän erittäin kielteiseen julkisuuteen, kritiikin kohteelle tulee varata tilaisuus esittää oma näkemyksensä jo samassa yhteydessä. Ellei samanaikainen kuuleminen ole mahdollista, voi erittäin kielteisen julkisuuden kohteeksi joutunutta olla tarpeen kuulla jälkeen päin. Jos näin ei tehdä, hyvään tapaan kuuluu julkaista hänen oma kannanottonsa. Kannanotto on puheenvuoro, joka on syytä julkaista mahdollisimman nopeasti ilman sen yhteyteen liitettyjä asiattomia lisäyksiä. Tavanomainen kulttuurikritiikki, poliittinen, taloudellinen tai yhteiskunnallinen arviointi sekä vastaavan muun mielipiteen esittäminen ei kuitenkaan synnytä oikeutta kannanottoon. Ellei kannanotto ole julkaisukelpoinen, sen korjaamisesta on syytä neuvotella laatijan kanssa. Vaikka yksimielisyyteen ei päästäisi, olennainen sisältö on suositeltavaa julkaista asiallisessa muodossa.

Yksityinen ja julkinen

Jokaisen ihmisarvoa on kunnioitettava. Etnistä alkuperää, kansallisuutta, sukupuolta, seksuaalista suuntautumista, vakaumusta tai näihin verrattavaa ominaisuutta ei pidä tuoda esiin asiaankuulumattomasti tai halventavasti. Yksityiselämään kuuluvia erityisen arkaluonteisia seikkoja voi julkaista vain asianomaisen suostumuksella tai jos niillä on poikkeuksellista yhteiskunnallista merkitystä. Yksityiselämän suoja on otettava huomioon myös kuvia käytettäessä. Sairaus- ja kuolemantapauksista sekä onnettomuuksien ja rikosten uhreista tietoja hankittaessa ja uutisoitaessa on aina noudettava hienotunteisuutta. Julkisella paikalla tapahtuvaa toimintaa on yleensä lupa selostaa ja kuvata ilman asianosaisten suostumusta.

Julkistakin aineistoa julkaistaessa pitää ottaa huomioon yksityiselämän suoja. Kaikki julkinen ei välttämättä ole julkaistavissa. Erityistä varovaisuutta on noudatettava, kun käsitellään alaikäisiä koskevia asioita. Rikoksesta tuomitun nimen, kuvan tai muita tunnistetietoja voi julkaista, ellei se tuomitun asemaan tai tekoon nähden ole selvästi kohtuutonta. Alaikäisen tai syyntakeettomana tuomitun henkilöllisyyden paljastamisessa on oltava erityisen pidättyväinen. Tunnistamiseen johtavien tietojen käytössä on syytä olla varovainen, kun kyse on vasta rikosepäilystä tai syytteestä.

Tietoja rikoksentekijästä, syytetystä tai epäillystä ei yleensä pidä julkaista, jos ne paljastavat erityisen arkaluonteisen rikoksen uhrin. Arkaluonteisen rikoksen uhrin henkilöllisyys on suojattava, ellei sillä ole poikkeuksellista yhteiskunnallista merkitystä. Jos tutkintapyynnöstä, syytteestä tai tuomiosta on julkaistu uutinen, asiaa on mahdollisuuksien mukaan seurattava loppuun saakka. Oikeudenkäynnin aikana ei pidä asiattomasti pyrkiä vaikuttamaan tuomioistuimen ratkaisuihin eikä ottaa ennakolta kantaa syyllisyyteen.

Lähde: Ohjeet on hyväksytty Julkisen sanan neuvoston kannatusyhdistyksen kokouksessa 4.11.2013. Ne astuivat voimaan 1.1.2014. Suora lainaus.

Launiksen (2009) mukaan on luonnollista, että median toimija joutuu ”toisinaan moraalisiin ristiriitatilanteisiin, koska toimijan oma ajattelu ja käsitys etiikasta voivat aiheuttaa vuorovaikutuksessa muiden ihmisten kanssa ristiriitoja, joiden perimmäisenä syynä ovat keskenään yhteen sopimattomat arvot ja arvotulkinnat”. Eettisten arvojen puutteellisuus tai heikkous eivät ole ristiriitojen syynä, vaan inhimillisen elämän arvoväritteisyys ja jännitteisyys. Arvoja on pikemminkin liian paljon kuin liian vähän.

Väärin toimiminen tai väärinkäytös tarkoittaa puolestaan sitä, että henkilö tekee tietoisesti ja harkitusti väärin, vaikka hän on selvillä oikeasta toimintatavasta.

Helena Itkonen tarkastelee (2009) artikkelissaan ”Media, terveydenhuolto ja etiikka”, median aktiivisuutta terveydenhuollon eri alueilla. Pääsääntöisesti tämä tapahtuu hyvässä sovussa terveydenhuollon toimijoiden kanssa, mutta toisinaan syntyy konflikteja. Tällöin astellaan sekä terveydenhuollon että journalismin eettisten pelisääntöjen alueilla.

Itkosen mukaan Suomessa eivät tällä hetkellä korostu niinkään eettiset, tasa-arvoisuus tai sosiaaliset arvot. Tilalle ovat nousseet nautinnon, vallan ja voiton arvostamiset. Globalisaation lisäämä talouskilpailu ja taloudellinen menestyminen ovat nyt vahvoja arvoja. Hyötyajattelussa etiikka tai sosiaalinen oikeudenmukaisuus koetaan haitallisina häiriötekijöinä, jotka voivat vähentää tai estää oman hyödyn saavuttamisen. Terveys voi olla ihmiselle tärkeä itseisarvo, mutta toisinaan terveys on väline muiden tavoitteiden saavuttamiseksi. Menestyminen edellyttää nuoruutta, terveyttä ja hyvää kuntoa. Nykyiset arvot näkyvät mediassa: lehdissä on omat lifestyle-sivunsa, television ohjelmat sisältävät kauneusleikkauksia ja rasvaimuja sekä ohjeita painon pudottamiseksi ja kuntoiluprojektien aloittamiseksi. Eivätkä tiedotusvälineet vain heijastele vallitsevia arvoja vaan myös aktiivisesti ylläpitävät niitä ja luovat uusia. Terveysviestintä ei aina mene perille. (Itkonen 2009.)

Oletukseni kuitenkin on, että Suomessa terveysviestintä koetaan pääosin luotettavaksi. Kaikki kansalaiset eivät kuitenkaan käytä älypuhelimia, internetiä eivätkä seuraa aktiivisesti uutisia televisiosta, radiosta tai sanomalehdistä. Täten terveysviestintä ei välttämättä saavuta työttömiä, eläkeläisiä, pienituloisia tai vähän koulutettuja. Osa kansalaisista voi seurata tiiviisti television viihdeohjelmia tai seurata yksipuolisesti terveystuotteiden mainontaa, joka vinouttaa pois terveysviestinnän ytimestä, yksipuolistaa ja kapeuttaa kuvaa terveyden laaja-alaisuudesta ja vahvistaa terveyden edistämisen kaupallistumista. (Itkonen 2009.)

Itkonen (2009) näkee, että valtaosa suomalaisista on sitä mieltä, että median tapa käsitellä terveyttä on asiantuntevaa ja asiallista. Samalla kuitenkin yllättävän moni, lähes 40 prosenttia, kertoo sen lisäävän ahdistusta ja pelkoa. Tietoa on paljon, ja se on myös ristiriitaista. Lisäksi kaupalliset intressit vaikuttavat siihen, mitä kerrotaan. Esimerkiksi isosta tutkimuksesta iltapäivälehdet saattavat tuoda esiin vain jonkin raflaavan yksityiskohdan. Silti medialla on keskeinen merkitys kansanterveydelle.

Nykyisin kuulee sanottavan, että elämme totuuden jälkeistä aikaa. Joskus näyttää siltä, että julkinen tai yleinen valehtelu on hyväksyttävää tai jopa suotavaa. Terveysviestinnässä valehtelu tai totuuden vähättely on tuhoisaa. Journalismin ydintehtävänä on totuuden kertominen yhteiskunnassa. Journalismin tekijöillä pitää olla vilpitön pyrkimys totuuteen. Tiedonvälitys tulee olla luotettavaa ja vastuullista. Toimittajien tulee olla kertomassaan neutraaleja ja objektiivisia.

Valeuutisista ja niiden sisällöistä keskustellaan nykyisin yhä enemmän. Johanna Vehkoon (2019) mukaan valeuutisen määritelmä on hyvin yksinkertainen: se on harhautustarkoituksessa tehty teksti (tai vaikkapa video), joka matkii ulkoisesti journalismia, mutta ei ole sitä. Valeuutinen on olennaisilta osiltaan sepitettä. Se voi sekoittaa tosiasioita fiktioonsa, mutta se ei pohjimmiltaan välitä tosiasioista. Valeuutisen tekijän motiivina on yleensä raha, joskus huijaamisesta saatava tyydytys ja toisinaan myös poliittiset pyrkimykset. (Vehkoo 2019 .)

Vehkoon mukaan voi valeuutisen tunnistaa: Ensinnä tutkimalla jutun julkaisijaa. Mikä on sivuston verkko-osoite? Monet valeuutissivustot jäljittelevät tunnettujen uutisorganisaatioiden osoitteita. Esimerkiksi Cnn.com.de ei ole oikeasti CNN:n verkko-osoite, eikä Abcnews.com.co vie amerikkalaisen uutisjätin ABC Newsin sivuille. Myös voi tehdä Whois-haun selvittääkseen, kuka sivun omistaa. Omistustiedot voi tosin piilottaa, ja valeuutistehtailijat useimmiten toimivat niin.

Toiseksi tutkimalla sivuston yhteystietoja. Vehkoon mukaan useimmilla verkkosivuilla on about-sivu, jolla on tietoa julkaisusta. Jos nämä tiedot puuttuvat kokonaan, ota se hälyttävänä merkkinä. Edelleen voi tutkia, annetaanko sivuilla toimituksen yhteystiedot (muutakin kuin yksi sähköpostiosoite), päätoimittajan ja toimittajien nimet? Vaikuttavatko nimet todellisilta vai keksityiltä? Voi googlata, löytyykö heistä tietoa verkosta. Entä postiosoite? Missä toimitus sijaitsee?

Kolmantena voi tutkia uutisen väitteitä ja kielenkäyttöä. Pelkkä otsikon lukeminen ei riitä, vaan pitää lukea koko juttu. Vehkoon mukaan usein valeuutisissa käytetään tavanomaisesta uutistekstistä poikkeavaa kieltä. Niissä saattaa olla kielivirheitä, solvaavia ilmauksia tai epätavallisen humoristisia kohtia. Kirjoittajan nimi saattaa puuttua tai se voi olla keksitty. Vastauksia tulee hakea kysymyksiin: Mihin lähteisiin juttu perustuu? Puhuuko siinä joku? Löytyykö sitaattia muista lähteistä? Onko jutussa mainittua tutkimusta olemassa? Jos jutussa mainitaan numeroita, perustuvatko ne varmistettuun tietoon? Onko jutussa linkkejä ja vievätkö ne luotettaville sivustoille? (Vehkoo 2019).

Suomessa tulisi keskustella nykyisin aikaisempaa enemmän juttujen todenperäisyyksistä. Olisi tärkeää perustaa valtakunnallinen valeuutisia seuraava ja tunnistava toimintakeskus. Nykyisin tunnistetaan ja tartutaan nk. vihapuheeseen aikaisempaa herkemmin. Vihapuhe asiana tasapainoilee sen tunnusmerkkien täyttymisen ja sananvapauden rajamaastoissa. Vihapuhe ei saa loukata ketään tai mitään ja samalla pitää huolehtia siitä, ettei sananvapaus kapeudu.

Työelämä Suomessa ja media

Tässä luvussa kuvailen nykyistä muuttuvaa työelämää, työyhteisöjen ja henkilöstön jaksamista ja jaksamattomuutta sekä eteenpäin suuntautuvien visioiden sisältöjä. Laajoista työelämän kokonaisuuksista sekä pienemmistä yksityiskohdista ja niiden muutoksista uutisoidaan median eri välineissä ja otetaan niihin kantaa miltei päivittäin. Terveysviestijöiden tulee olla tietoisia työelämän moninaisuudesta ja muutoksista, jotta he pystyvät toimimaan ammatillisesti ja tuottamaan perusteltua, oikeanlaista ja ajantasaista tietoa kansalaisille.

Sosiaali- ja terveysministeriön (2005) mukaan nykyiset työelämän muutokset asettavat uudentyyppisiä haasteita sekä Suomelle että laajemmin koko Eurooppaan. Viime vuosina työelämään on vaikuttanut erityisesti EU-tasoisen ja muun kansainvälisen toiminnan laajentuminen. Lisähaasteita tuo muun muassa työssäkäyvän väestön ikääntyminen sekä kansantaloudelliset muutokset.

Sosiaali- ja terveysministeriön selvityksessä Hyvinvointi on toimintakykyä ja osallisuutta -tulevaisuuskatsauksessa (2014) todettiin, että sosiaali- ja terveysministeriön tavoitteet ja toiminta ovat tiiviisti mukana kaikkialla yhteiskunnassa, eikä niitä voida erottaa irralliseksi muista toimialoista. Väestön ikärakenteen muutoksen myötä sosiaalimenot kasvavat, mutta rahoituspohja kapenee. Sosioekonomiset, alueelliset ja sukupuolen mukaiset terveys- ja hyvinvointierot ovat edelleen suuria. Väestön polarisaatiokehitys uhkaa yhteiskunnan perusteita. Panostus terveyteen, hyvinvointiin ja osaamiseen tukee talouskasvua ja hyvinvoinnin rahoitusta. Väestön elintapojen kohentaminen ja kansansairauksien ehkäisy on edelleen tarpeellista. Yhteiskunnan toimivuus edellyttää sosiaaliturvan, erityisesti sosiaali- ja terveyspalvelujen uudistamista.

Katsauksen mukaan sekä tuotantotapoja että tehtävärakennetta ja työnjakoa on uudistettava. Yhteistyön merkitys lisääntyy niin alueellisesti, yli hallinnonalan rajojen kuin kansainvälisestikin. Keskeisimmät lähitulevaisuuden haasteet ovat, että jokaisella kansalaisella on oikeus hyvinvointiin, uudistumisen kautta lisääntyvä tehokkuus ja vaikuttavuus, teknologian ja tiedon mahdollisuuksien hyödyntäminen, työssäolovuosien lisääminen ja elinympäristömme tärkeyden huomioiminen hyvinvoinnin ja terveyden voimavarana. (Sosiaali- ja terveysministeriö 2014.)

Työelämän haasteet, ongelmat, tutkimus- ja kehittämisprojektien tulokset ja työelämäratkaisut näkyvät median kannanottoina. STM:n (2019) mukaan työelämä, työn sisältö, työn tekemisen tavat ja muodot sekä työvoima muuttuvat. Se, millaista työelämä on ja miten työelämässä voidaan, vaikuttaa yksilöiden hyvinvoinnin lisäksi organisaatioiden tuottavuuteen ja kilpailukykyyn sekä yhteiskunnan sosiaaliseen kestävyyteen. (Sauni 2020.)

Sosiaali- ja terveysministeriön Työsuojeluosasto on laatinut raportin ”Työelämä 2025 -katsaus. Työelämän ja työympäristön muutosten vaikutukset työsuojeluun ja työhyvinvointiin (2015)”.

Siinä kuvataan tulevaisuuden työelämän muutosta työsuojelun ja työhyvinvoinnin näkökulmasta. Tulevaisuuskatsaus tarkastelee työelämää kattavasti aloittaen siitä, millaisia töitä tehdään ja keitä työntekijät ovat päätyen tarkastelemaan työntekijöiden terveyttä, työturvallisuutta sekä työhyvinvointia sekä uusien teknologioiden vaikutuksia työhön. Millaisia töitä tehdään tulevaisuudessa ja minne työt ovat sijoittuneet?

Raportin mukaan (2015) ympäristönsuojelu ja luonnon arvostamisen kasvu näkyvät työelämässä niin, että sen huomioon ottamista vaaditaan kaikessa työnteossa. Vihreillä töillä pyritään vastaamaan ympäristönsuojelun haasteisiin ja se näkyy kaikilla toimialoilla.

Tulevaisuuskatsauksessa esitetään, että "vihreät työt liittyvät esimerkiksi luonnon monimuotoisuuden suojeluun, energiankäytön tehostamiseen, ilmastonmuutoksen hillintään sekä jätteiden vähentämiseen ja jätteiden hyötykäyttöön. Suomessa vihreitä töitä on syntynyt mm. hajautettuun bioenergian tuotantoon sekä nanoteknologiaan liittyen".

Katsauksen mukaan tulevaisuudessa terveys- ja sosiaalipalvelut ovat edelleen suuri työllistäjä, erityisesti yksityisellä sektorilla. Muita työllisyysaloja ovat koulutus sekä liike-elämän palvelut, kulttuurialat ja vapaa-ajan viettoon liittyvät palvelut, luovat alat, kuten taide-, viihde- ja virkistys. Automaation nopea kehitys, robotit ja teknologian kehitys vaikuttavat työtoiminnan uudistumiseen.

Raportin laatijoiden mukaan tulevaisuudessa verkostoituminen on entistä laajempaa ja se on lisännyt yritysten toimintaa eri alojen rajapinnoissa, millä tavoitellaan uusien innovaatioiden syntymistä ja kehittämistä. Työelämässä projektiluonteiset työt ja yrittäjyys lisääntyvät ja erityisesti turvallisuusala työllistää aikaisempaa enemmän. Virtuaalityö muotona kasvaa. Sosiaalista mediaa käytetään paljon työtehtävien suorittamiseen. Työssä nopeuden vaatimukset kasvavat. Tiedonkulku on organisaatioiden menestystekijä.

Työntekijöiltä odotetaan entistä enemmän joustavuutta ja muutosten sietokykyä ja ihmissuhdetaitoja. Työpaikka on entistä harvemmin tietty kiinteä tila, jossa vietetään koko työpäivä. (Sosiaali- ja terveysministeriö 2015.)

Työpaikkoja leimaa monikulttuurisuus, uudentyyppiset toimintatavat sekä laajat kielitaitovaatimukset. Elinikäinen oppiminen on jokapäiväistynyt, sillä uuden tiedon ja uusien taitojen hankkiminen on kiinteä osa työn arkea. (Sosiaali- ja terveysministeriö 2015.)

Tulevaisuuskatsauksessa tarkastellaan Suomen työikäisen väestön määrää, joka on vähentynyt noin 130 000 henkilöllä viimeisten 15 vuoden aikana. ”Sen mukaan huoltosuhteesta ei enää voi tehdä samanlaisia johtopäätöksiä kuin aiemmin. Työikäisen väestön rajaaminen 15–64-vuotiaiden ikäluokkaan ei ole enää tarkoituksenmukaista. Työelämässä jatketaan entistä pidempään. Eläkkeelle jäänti-ikä on noussut ja eläkkeellä ollessakin moni tekee töitä. Yli 29-vuotiaiden ikäluokissa työvoimaosuus on kasvanut ja halukkuus työntekoon on lisääntynyt. Työelämä ja työmarkkinat ovat vahvasti polarisoituneet. Polarisaatio näkyy laajasti työelämässä. Maahanmuuttajien osaamista hyödynnetään aikaisempaa monipuolisemmin”.

Jatkuvat odotukset ja vaatimukset työorganisaatioiden tuottavuuden kasvuun aiheuttavat sekä myönteisiä että negatiivisia seurauksia ja ilmentymisiä. Monessa organisaatiossa tai yrityksessä pohditaan pitkälti työpahoinvoinnin ja ongelmien eri ulottuvuuksia tuottavuuden näkökulmasta. Nyt ja tulevaisuudessa henkilöstöltä odotetaan paljon ja muuttuvat vaatimukset vievät energiaa. On oletettavaa, että henkilöstöllä esiintyy tulevaisuudessakin runsaasti työväsymystä, stressiä, uupumusta ja masennusta.

Työuupumusta ja masennusta koskevia kirjoituksia, haastatteluja ja tapauskertomuksia on viime vuosina esitetty runsaasti mediassa. Organisaatioista ja työyhteisöistä on kantautunut tietoa uupumusta sairastavista työntekijöistä. Myös julkisuuden henkilöt ovat kertoneet omista vaikeuksistaan ja selviytymisestään. Onkin tärkeää, että uupumisen ja masennuksen tarinoita voidaan jakaa avoimesti ja julkisesti. Niillä on vertaisarvoa.

Työelämässä esiintyy siis nyt ja oletettavasti tulevaisuudessakin paljon monenlaista pahoinvointia. Työnkuormitus, kiire, huono organisaation ilmapiiri, johtamisen ongelmat, osaamattomuus, perehdytyksen puute, luottamuksen puute tai jatkuvat muutokset, vaatimukset ja paineet tuottavuuden kasvuun voivat aiheuttaa työntekijälle väsymystä, stressiä ja uupuneisuutta. Uudet toiminta- ja työskentelytavat, kuten etätyö, aiheuttavat osalle työntekijöitä henkistä pahoinvointia. Korona-aikana lisääntyneet konkurssit, lomautukset ja työttömyys sekä tulevaisuuden pelko aiheuttavat osaltaan herkkyyttä uupumiseen.

Tulevaisuudessa sähköisen informaation jatkuva lisääntyminen voi edellyttää sen parissa työskenteleviltä työntekijöiltä aivan uudenlaista tiedonhaun, -käsittelyn ja -ymmärtämisen osaamista. Tämä voi lisätä työuupumusta. ”Uudet teknologiat tuovat mukanaan uusia terveysriskejä ja kuormitustekijöitä. Yksi yhteinen riski koskien teknologioiden kehitystä on tietämättömyys niiden pitkäaikaisista haitallisista vaikutuksista ihmisten terveyteen ja turvallisuuteen. Teknologian kehitys on lisännyt työntekijöiden psyykkisen kuormituksen kokemuksia ja kognitiivista kuormitusta johtuen muun muassa työntekijöiden jatkuvasta online- ja tavoitettavuustilasta, alituisesta muutostilassa olemisesta sekä valtavien tietomäärien hallitsemisesta". (Sosiaali- ja terveysministeriö 2015.)

Työuupumuksen esiintyvyys väestössä vaihtelee jossain määrin työelämän yleisen tilanteen mukaan. Vuonna 2011 työssä käyvistä suomalaisista miehistä 2 % kärsi vakavasta ja 23 % lievästä työuupumuksesta. Vastaavasti 3 % naisista kärsi vakavasta ja 24 % lievästä työuupumuksesta. Työuupumukselle määritelmien mukaan voimakas ja pitkäaikainen emotionaalinen väsymys on keskeinen (työ)uupumuksen osatekijä. Työuupumus on pitkittyneen työstressin seurauksena kehittyvä häiriötila, jota luonnehtii uupumusasteinen väsymys, kyynistynyt asenne työtä kohtaan ja heikentynyt ammatillinen itsetunto. (Lääkärikirja Duodecim 2018.)

Työuupumuksen keskeisiä piirteitä ovat jaksamattomuuden tuntemukset ja motivaation puute, negatiivinen suhtautuminen itseensä, työhönsä ja muihin ihmisiin sekä aktiivinen vetäytyminen vuorovaikutuksesta muiden ihmisten kanssa. Jaksamattomuus näyttäytyy kaikissa työtilanteissa eikä liity vain yksittäisiin työn kuormitushuippuihin. ”Työstä etääntyminen (depersonalization) näkyy työnilon katoamisena, työn mielekkyyttä koskevana epävarmuutena, työn merkityksen epäilynä ja erityisesti ihmissuhdetyössä etäiseksi muuttuneena suhtautumisena asiakkaisiin. Vähäistä työssä onnistumisen tunnetta (personal accomplishment) kuvaa pelko siitä, ettei hallitse omaa asiantuntija-aluettaan tai ettei suoriudu työstään” (Kanste 2005).

Työuupumus ei ole lääketieteellinen diagnoosi, mutta se voidaan kirjata diagnoosin liitteeksi terveysongelmaan liittyvänä tekijänä. Työuupumus ei ole sairaus, mutta se lisää riskiä sairastua mm. masennukseen, päihdehäiriöihin ja stressiperäisiin somaattisiin sairauksiin. Työuupunut voi kärsiä myös unihäiriöistä ja yrittää rentoutua päihteillä. Työuupumuksen on myös todettu lisäävän tapaturmien ja työkyvyttömyyden riskiä. Vaikea työuupumus on hyvin vakava tila. (Lääkärikirja Duodecim 2018.)

“Työuupumuksen taustalta löytyy yleensä alun perin motivoitunut työntekijä ja työhyvinvoinnin kannalta epäedulliset työolosuhteet. Tilanteesta on kehittynyt työuupumus, koska ristiriitaan ei ole löytynyt ratkaisua työntekijän tai työyhteisön riittämättömien selviytymiskeinojen vuoksi. Työuupumus kehittyy siis työn ja työntekijän välisessä vuorovaikutuksessa, ja siksi siihen johtavia tekijöitä löytyy yleensä niin työstä kuin työntekijästäkin". (Ahola, Tuisku & Rossi, 2018.)

"Työuupumukseen liittyviä työolosuhteita luonnehtivat liialliset työn vaatimukset (esimerkiksi ristiriitaiset tavoitteet tai jatkuva aikapaine) yhdistyneinä vähäisiin työn voimavaroihin (esimerkiksi joustomahdollisuudet tai esimiehen tuki). Erityisesti liian suuri työmäärä, rooliristiriidat ja -epäselvyydet, vähäiset vaikuttamismahdollisuudet, vähäinen sosiaalinen tuki, koettu epäoikeudenmukaisuus sekä epävarmuus ja ennakoimattomuus työssä ovat yhteydessä työuupumuksen kehittymiseen". (Ahola, Tuisku & Rossi, 2018.)

Työyhteisötasolla merkkejä haitallisesta työperäisestä stressistä voivat olla muun muassa korkeat poissaololuvut, työntekijöiden suuri vaihtuvuus, henkilöstöristiriidat sekä työntekijöiden antamat palautteet liiallista kuormittavuutta aiheuttavista tilanteista. Muuttunut käyttäytyminen, poissaolojen lisääntyminen, väsymys, aggressiivisuus, ylivilkkaus, päihteiden lisääntynyt käyttö, laihtuminen, lihominen, kyynisyys ja välinpitämättömyys ovat mahdollisia yksilötason merkkejä myös liiallisesta stressaantumisesta. (Ahola, Tuisku & Rossi, 2018.)

Hyvinvointia tulee tukea niin yksityiselämässä kuin työympäristössäkin. Terveys ja energisyys, myönteiset uskomukset, ongelmanratkaisutaidot ja vuorovaikutustaidot ovat henkilökohtaisia stressiä vähentäviä voimavaroja. Myös elämänhallinnan tunne suojaa negatiiviselta stressiltä - osa paineestahan on positiivista. Hyvä työ tukee mielenterveyttä ja työntekijän psyykkistä vointia ja työkykyä silloin, kun sen vaatimukset ovat osaamiseen ja muihin voimavaratekijöihin nähden kohtuulliset ja johon työntekijä pääsee itse vaikuttamaan.

Työn sisällön lisäksi työpaikan toimivat ihmissuhteet, hyvä ilmapiiri sekä lähiesimiehiltä ja työtovereilta saatu tuki kannattelevat työntekijää silloinkin, kun hänellä on terveysongelmia. Työn vaatimukset voivat Karasekin (1979) mukaan olla määrällisiä (työmäärä, aikapaine) tai laadullisia (ristiriitaiset tavoitteet) ja keskeisiä hallinnan ulottuvuuksia ovat mahdollisuus ja päätösvalta oman työn suunnittelussa ja tavoitteiden asettelussa. Myönteisiä ympäristön tarjoamia voimavaroja voivat olla sosiaalinen tuki ja aineelliset edellytykset kuten varallisuus.

Työelämän hyvinvoinnin pitää suuntautua yhä enemmän ihmisten ja työyksikköjen vahvuuksien ja piilossa olevien potentiaalien löytämiseen, osaamisen, ammatillisuuden, työn merkitysten, työn kunnioittamisen, kannustusten ja tukitoimien kehittämiseen. Tällöin katse suuntautuu työntekijöiden ja työn kehittämistyöhön ja painottuu tulevaisuuteen.

Sosiaali- ja terveysministeriö on työstänyt työelämän kehittämislinjauksia ja valmistellut hankkeen ”Työympäristön ja työhyvinvoinnin linjaukset vuoteen 2030. Turvallisia ja terveellisiä työoloja sekä työkykyä kaikille”. Raportin linjaukset täsmentävät sosiaali- ja terveysministeriön strategiaa ja ohjaavat ministeriön ja sen hallinnonalan toimintaa, jotta työ olisi terveellistä ja turvallista kaikilla työpaikoilla työnteon muodosta riippumatta. Linjauksissa on kolme painopistettä: 1.Työsuojelua, työturvallisuutta ja työhyvinvointia koskevat tulevaisuuden haasteet, 2.Turvalliset ja terveelliset työolot ja 3. Toiminta- ja työkyvyn sekä työllistymiskyvyn edistäminen.

Koronakriisi teki ohjelman tavoitteet entistä tärkeämmiksi ja ajankohtaisemmiksi. Koronakriisistä selviytyminen on ohjannut vuoden STM:n 2020 ohjelmatyötä. ”Poikkeusolojen uusia työkäytäntöjä ja selviytymistarinoita kerätään ja jaetaan verkkosivustolla, jolle työyhteisöt voivat lähettää omia vinkkejään ja kertomuksiaan. Ohjelmassa toteutetaan sekä toimiala- että aluehankkeita. Toimialahankkeet ovat työmarkkinajärjestöjen välistä yhteistyötä työelämän kehittämisessä, aluehankkeet yhden tai useamman ELY-keskuksen (elinkeino-, liikenne- ja ympäristökeskus) yhdessä koordinoimia kehittämishankkeita. Näiden tarkoituksena on vahvistaa luottamusta ja työelämän kehittämistä”. (Sauni 2020.)

Ohjelmassa käynnistyy johtamisverkosto, jonka tavoitteena on jakaa menestyneiden yritysten tai julkisten organisaatioiden onnistuneita kokemuksia hyvästä ihmisten johtamisesta ja yhdessä tekemisestä henkilöstön kanssa. STM:n (2020b) mukaan turvallisuusjohtamisella sekä työkyvyn ja työhyvinvoinnin johtamisella on merkittävä rooli työympäristön kehittämisessä, työkyvyttömyyden vähentämisessä sekä terveyden ja hyvinvoinnin edistämisessä. Jokaisella työpaikalla työnantaja, henkilöstö ja työterveyshuolto toteuttavat työkykyä ja työhön paluuta edistäviä toimenpiteitä yhteistyössä. Osatyökykyisten henkilöiden työssä pysymiseen ja työllistymiseen on kiinnitettävä erityistä huomiota. (Sauni 2020.)

Linjausohjelmassa on rakennettu TYÖ2030 työn ja työhyvinvoinnin kehittämisohjelma, joka tähtää toimintatapojen uudistamiseen ja teknologian tehokkaaseen hyödyntämiseen työpaikoilla sekä työelämäinnovaatioiden luomiseen. Tavoitteena on, että vuoteen 2030 mennessä Suomi on johtava työelämäinnovaatioiden kehittäjä ja että Suomessa on maailman paras työhyvinvointi. (STM 2020b.)

TYÖ2030-ohjelman toimenpiteet vaikuttavat työllisyyteen, talouteen, työhyvinvointiin ja työurien jatkumiseen. Hyvä työ ja johtaminen kehittävät samanaikaisesti tuottavuutta ja työhyvinvointia. Näillä on vaikutusta yrityksen kilpailukykyyn ja julkisten organisaatioiden vaikuttavuuteen. Ohjelma on osa Sanna Marinin hallitusohjelmaa. Ohjelman vetovastuu on STM:ssä, operatiivisesta työstä ja käytännön järjestelyistä vastaa Työterveyslaitos. (STM 2020b).

THL:n mukaan ”työhyvinvointi tarkoittaa turvallista, terveellistä ja tuottavaa työtä, jota ammattitaitoiset työntekijät ja työyhteisöt tekevät hyvin johdetussa organisaatiossa. Työntekijät ja työyhteisöt kokevat työnsä mielekkääksi ja palkitsevaksi, ja heidän mielestään työ tukee heidän elämänhallintaansa”. THL:n strategian sisällön ytiminä ovat: Luottamuksen arvoinen THL, joka on vastuullisesti rohkea, inhimillinen vuorovaikuttaja ja yhdenvertaisuuden suunnannäyttäjä.

THL esittämät strategiset tavoitteet:

Tieto, vastaamme tietotarpeisiin laadukkaasti ja oikea-aikaisesti. Rakennamme tietovarantomme kustannustehokkaasti yhteen toimiviksi, korkealaatuisiksi ja helposti hyödynnettäviksi. Toimeenpanemme kansallisesti yhtenäistä ja rakenteista kirjaamista. Noudatamme kansallisesti yhtenäisiä tietorakenteita ja luokituksia. Olemme luotettava ja vastuullinen tiedonhallinnan kumppani ja prosessimme täyttävät laatuvaatimukset. Arvioimme ja uudistamme tietotuotantoa muuttuvien tutkimustarpeiden mukaisesti.

Laajennamme tietotuotantoamme olennaisille katvealueille. Kehitämme laaturekistereitä sekä tiedonkeruuta koskien mm. sosiaalihuollon avopalveluita, haavoittuvassa asemassa olevia, väestön erityisryhmiä, yksityistä terveydenhuoltoa ja työterveyshuoltoa. Painotamme entistä vahvemmin eriarvoisuus-, laatu- ja vaikuttavuusnäkökulmia. Edistämme väestön hyvinvointi- ja elämäntapatietojen kertymistä ja hyödyntämistä esim. Kanta-palveluista.

Huolehdimme toimintamme digitaalisesta turvallisuudesta ja varaudumme kyberuhkiin. Tulkinta: Ylläpidämme tilannekuvaa ja ennakoimme tulevaa.

Välitämme tulkitsemaamme ajantasaista kansallista ja alueellista tilannekuvaa väestön hyvinvoinnista ja palvelujärjestelmän toimivuudesta ja suorituskyvystä. Ennakoimme ilmiöitä, arvioimme mahdollisten kehityskulkujen ja uhkien vaikutuksia sekä osoitamme toivottavia suuntia.

Kiteytämme näkemyksemme muutoksen voimaksi. Uudistamme asiantuntijuutta ja tutkimusta sekä tiedon tulkintaa olennaiseen keskittymällä. Näymme ja vaikutamme moderneissa ja vaikuttavissa kanavissa. Käymme aktiivista vuoropuhelua siellä, missä ihmiset ovat. Tutkimuksemme ja tulkintamme ovat yhteiskunnallisesti merkityksellisiä. Ratkaisut ja tuki: Tuotamme selkeitä toimintamalleja ja suosituksia väestön, toimijoiden ja päätöksentekijöiden käyttöön. Ratkaisuehdotuksemme perustuvat syventyvään asiakasymmärrykseen, helppoon saavutettavuuteen ja erinomaiseen käytettävyyteen. Tuemme eri toimijoiden välistä yhteistyötä ja hyviä käytäntöjä hyvinvoinnin ja terveyden edistämisessä. Varaudumme ja reagoimme riskeihin, uhkiin ja erityistilanteisiin. Esittämämme vaihtoehdot vähentävät ilmasto- ja ympäristömuutosten haitallisia hyvinvointi- ja terveysvaikutuksia.

> Tuemme sosiaaliturvan ja sosiaali- ja terveydenhuollon järjestelmäuudistusta. Tuotamme ehdotuksia sosiaaliturvan uudistamiseksi etuisuuksia ja palveluja yhteen sovittaen. Edistämme järjestelmän vaiheittaista kokonaisuudistusta tuottamalla vaihtoehtoisia ratkaisuehdotuksia. Esitämme sosiaalisesti, taloudellisesti ja ekologisesti kestäviä ratkaisuehdotuksia.
>
> Vauhditamme hyvän kasvun kierrettä. Tuemme sosiaali- ja terveysalan innovaatioita ja tuotekehitystä. Tuotteemme lisäävät terveyden lukutaitoa, osallisuutta, ammattilaisten osaamista ja monialaista yhteistyötä. Osallistumme digitaalisten tuotteiden, alustojen ja älyratkaisujen kehitykseen. Sitoudumme kestävän kehityksen Agenda 2030 -tavoitteisiin ja edistämme niitä. (THL 2020, päivitetty 2021, suora lainaus.)

Arjen työelämää tarkastellessaan Aaltonen, Pajunen & Tuominen (2005) toteavat, että positiivista on, että työelämässä on viime vuosina alettu kiinnittää huomiota ihmisten ja työyhteisöjen kehittämiseen ja vahvuuksiin sekä ihmisyyden toteuttamista tukeviin rakenteisiin. Samanaikaisesti on esitetty vaatimuksia organisaatioiden ja työyhteisöjen staattisuuden vähentämisestä, johtamistapojen muuttamisesta jäykästä ja persoonattomasta henkilöstöä kuuntelevaksi. Näkemyksenä on, ettei työyhteisöjä tule tarkastella koneena vaan elävänä, dynaamisena organismina, jolla on kyky uusiutua, ennakoida muutoksia, kehittää kulttuuriaan ja oppia uusia toimintamalleja. Mediankin tulisi havaita näitä positiivisia elementtejä ja tuoda niitä nykyistä enemmän kansalaisten tietoisuuteen.

Mankan (2008) mukaan työelämässä hyvinvoinnin perustana ovat terveet ja tasa-arvoiset yhteisöt, joissa toteutuu oikeudenmukaisuus, osallistuminen ja syrjimättömyys. Tällaisessa työympäristössä toteutuu sukupuolten tasa-arvo, työn ja muun elämän yhteensovittaminen, eri-ikäisten huomioon ottaminen sekä eri kulttuuritaustoista tulleiden huomioiminen. Mekanistisen ihmiskäsityksen tilalle on eri keskusteluissa tuotukin esille holistinen, yksilön kokonaisvaltaisuutta huomioiva ihmiskäsitys. Työelämä on tällöin matkalla kohti palvelujen saajan ja työntekijälähtöistä ajattelua.

Nakarin ja Valteen (1995) ja Laaksosen (2008) mukaan työorganisaation hyvinvointi on tila, jossa organisaatio voi sisäisesti hyvin ja toimii tuloksellisesti. Työntekijän menestyksen kokemiseen vaikuttavat ratkaisevasti luottamus ja arvostus, jota jokainen kokee saavansa toisilta organisaatiossa. Koska asioita käsitellään säännöllisesti, avoimesti ja rehellisesti, on työyhteisön jäsenillä voimakas tunne kuulumisesta juuri tähän organisaatioon. Hyvinvoivan organisaation keskeisiksi piirteiksi voidaan kiteyttää luottamus, avoimuus, rohkeus, rehellisyys, vilkas vuorovaikutus ja myönteinen ilmapiiri.

Pekka Suonsivun mukaan (2020) organisaatioiden yhteistoimintaa edistävät yhteiseen päämäärään pyrkiminen, tavoitteiden tunteminen, vastakkainasettelun välttäminen, aito kuuleminen, näkemysten huomioiminen ennen päätöksentekoa, huolehtiminen osallistumisen edellytyksistä, säännölliset kokoukset, riittävä ja oikea-aikainen avoin tiedottaminen, hyvät yhteistyötaidot, toiminnan oikeudenmukaisuus ja avoin ilmapiiri, sekä päätöksiin sitoutuminen, osaava ja tasapuolinen esimiestoiminta, kehityskeskustelut, henkilöstön mukaanotto suunnitteluun, hyvä tiedonkulku ja toimivat ihmissuhteet.

Organisaatiot koostuvat ihmisistä, joilla on yhteinen tavoite ja tehtävä. Me-henki ja yhteenkuuluvuuden tunne ovat suoraan suhteessa tulokseen. Yhteisöllisyys tukee terveyttä, hyvinvointia, oppimista ja tuloksellisuutta. Se luo yhteenkuuluvuutta, tarjoaa turvaa yhteisön jäsenille ja auttaa hahmottamaan ympäristöä. Hyvä ilmapiiri näkyy keskinäisenä luottamuksena ja tukena, aitona auttamishaluna, toisten huomioonottamisena, yhteishenkenä, avoimuutena ja joustavuutena. sosiaalinen pääoma on yhteisön ja yksilön voimavara. Se on yhteisöllisiä piirteitä, jotka vahvistavat yhteisön toimintaa edistävää luottamusta, vastavuoroisuutta ja verkostoitumista. (Paasivaara & Nikkilä 2010, Suonsivu 2020.)

Hakasen (2008) mukaan tervettä organisaatiota ja työyhteisöä on eri tutkimuksissa luonnehdittu tavoitteelliseksi ja systemaattiseksi, jossa oleellisia ovat yhteistoiminnalliset ponnistelut työntekijöiden hyvinvoinnin ja tuottavuuden maksimoimiseksi, mikä perustuu hyvin suunniteltuihin ja merkityksellisiin töihin, tukevaan ja kannustavaan sosio-organisatoriseen ympäristöön ja saavutettaviin ja tasavertaisiin mahdollisuuksiin uralla sekä työn ja muun elämän tasapainoon.

Terve organisaatio -käsitteen ja -mallien voi tiivistää perustuvan seuraaviin oletuksiin ja lähtökohtiin (Hakanen 2009):

Tavoitteena terve työntekijä terveessä organisaatiossa
Terve työntekijä ja terve organisaatio tuottavat myös tehokkuutta ja taloudellisesti parhaan menestyksen yritykselle.
Terveessä organisaatiossa kirjoitetut arvot ja jokapäiväiset käytännöt ovat yhdenmukaisia ja tämä on erityisen tärkeää kriittisinä aikoina, jolloin ei ole selkeitä ja valmiita toimintatapoja integroiva, monitasoinen ote

kehittämiseen; mukana johto, työntekijät, HR, työterveyshuolto jne. ja kaikki myös hyötyvät. Kehittämishankkeissa on tärkeää selvittää nykytilanne organisaatiossa, minkä jälkeen vaikuttamisen kohteena ovat yksilö ja organisaatiotaso. Tervettä organisaatiota luonnehtiviin ominaisuuksiin kuuluu organisatorisia, sosiaalista systeemiä sekä työtä kuvaavia piirteitä, jotka selkeästi ovat ns. työn voimavaroja.

Hakasen (2009) mukaan terveen organisaation ulottuvuuksia ovat:

Työntekijöiden arvostus
työn hallintamahdollisuuksien ja työn vaatimusten tasapaino
esimiestyö ja johtamiskäytännöt
muutosten johtaminen
innovatiivinen ilmapiiri ja jatkuva käytäntöjen kehittämiskulttuuri
työn ja muun elämän tasapaino.
organisaatiossa tietoisuus moninaisuuden (ikä, sukupuoli, etnisyys) rikastavasta merkityksestä.

Yksi tärkeimmistä työhyvinvointia edistävistä tekijöistä on, että työntekijä kokee osaavansa työnsä. Puutteellinen osaaminen voi johtaa työn hallinnan menettämiseen, riittämättömyyden ja stressiin tunteisiin. Työyhteisössä osaamattomuuden tunne voi laajeta koko henkilöstöä koskevaksi tuntemukseksi. Tällöin tarvitaan halua kehittää yhteistä osaamista, joka koituu kaikkien hyödyksi. Eri-ikäisillä oppiminen saattaa toteutua eri tavoilla. Jokainen oppii omalla yksilöllisellä tavallaan. Sitä voidaan hyödyntää koulutuksia suunniteltaessa ja toteutettaessa.

Lopuksi koottuja näkökulmia lyhyesti: Media ja eri ulotteinen terveyden ja sairauksien todellisuus

Luottamus ja oikeudenmukaisuus

Luottamus mediaan on ensiarvoisen tärkeää. Medialla on suuri valta. Kannaotoillaan media voi suunnata kansalaisen ja yleistä mielipidettä johonkin suuntaan. Jo kirjoituksen tai uutisen otsikko herättää mielikuvan, jota voi olla vaikeata hälventää. Mielikuva voi muodostua positiiviseksi tai negatiiviseksi, jopa toisinaan toivottomaksi. Joskus voi lukea uutisen raflaavan otsikon, joka ei ole yhtenevä sisällön kanssa. Asiasta irrotettuja sanoja otsikoissa tulisi välttää. Toisinaan vaikuttaa siltä, että laitetaan otsikko huomiota herättäväksi, jotta lukija pysähtyy, ostaa lehden tai maksaa uutisen lukemisesta. Kiireellä tehty juttu ei ole hyvää journalismia. Joskus on vaikeata ymmärtää jutuissa olevia asiavirheitä. Terveysviestijän tulisi tietää kirjoittamastaan asiasta melko laajasti. Pelkkä pintaraapaisu loukkaa ja aliarvioi lukijaa.

Luottamus on erityisen tärkeää median tuottamissa terveyden ja sairauksien viestien esiintuloissa. Luottamuksessa on kyseessä rehellisyydestä ja sopimusten sekä ”sanan” pitämisestä. Luottamuksen menettää helposti, mutta sen takaisinsaanti on työlästä. Se vaatii pitkän aikajänteen onnistukseen. Usein puhe/sanat eivät riitä, vaan luottamus pitää hankkia käyttäytymisenä ja tekoina (Suonsivu 2021).

Whetten, ym. (1996) esittävät, että luottamuksen yksi tärkeistä tekijöistä on oikeudenmukaisuus. Elovainion, Kivimäen ja Vahteran (2002) mukaan oikeudenmukaisuuden perusedellytyksiä ovat yksilön oikeus tulla kuulluksi omassa asiassaan, johdonmukaiset säännöt ja se, että päätöksenteon pohjaksi hankitaan mahdollisimman oikeaa tietoa, päätöksiä voidaan korjata tarvittaessa sekä selkeät päätöksentekoperiaatteet. Median tekijöiltä se vaatii paneutumista kansalaisen asemaan ja pitäytymistä eettisyydessä päätöksiä tehdessään sekä tietoista objektiivisuutta työstäessään uutisia, kirjoituksia tai muita tiedon anto tapojaan. Pinnallisesti ja oikomalla toteutettu median terveysviestintä on huonoa viestintää.

Sananvapaus Suomessa

Kuten aiemmin toin esille, niin kansalaisten hyvinvointi, terveys, pahoinvointi ja sairaudet ovat asioita, joista eri medioissa käydään keskusteluja päivittäin. Mediassa tuotetaan niihin liittyen myös hyvinkin erilaista tietoa. Keskustelut voivat liittyä nykyisiin muuttuviin elämän haasteisiin, kuten kansantalouteen, työllisyyteen, ikääntymiseen, väestömuutoksiin, teknologian nopeaan kehitykseen ja kansanterveyden kehitykseen. Osa keskusteluista suuntautuu tulevaisuuteen, kuten kysyttäessä mitä vaikutuksia on Euroopan integraatiolla, globalisaatiolla, teknistyvällä maailmalla ja ilmastonmuutoksella suhteessa terveyteen ja hyvinvointiin. Elämä ja ympäristöt ovat konteksteja, joihin kohdistuu aiempaa enemmän joustavuuden ja avoimen tiedonkulun vaatimuksia. (Suonsivu 2018.)

Median eri välineissä on pohdittu tulevaisuuden Suomen kahtiajakautumisen uhkaa tulotason ja osaamisen perusteella. Kansalaisten, varsinkin nuorten lisääntyvä syrjäytyminen on oleellinen osa käytyjen keskustelujen sisältöä. Kansanterveydellisesti merkittäviä nykyisiä ja lähitulevaisuuden kysymyksiä ovat väestöryhmien suuret terveyserot, eri ikäryhmien mielenterveysongelmat, miesten suurempi kuolleisuusriski, päihteiden ja huumeiden lisääntynyt käyttö seurauksineen, nuorten aikuisten miesten tapaturmaiset ja väkivaltaiset kuolemat, yleistyvät krooniset kansantaudit, ikääntyvien toimintakykyisyys, lasten ja nuorten muuttuneet riskit, koronan aikainen väkivaltaisuuden kohoaminen sekä psykososiaalinen turvallisuus. Monikulttuuriset kysymykset on myös tuotu esille osana mediassa tapahtuvaa keskustelua.

Suomessa on yksilön- ja sananvapaus. Terveyden ja sairauksien sananvapauden pohdinnassa nousee keskeiseksi se, mihin paneudutaan ja millaisiin teemoihin yleistä keskustelua suunnataan kansalaisten hyvinvointia, terveyttä ja sairauksia tarkasteltaessa? Näiden asioiden ja median suhteessa on paljon läpikäymätöntä. Kun mediassa käsitellään pääasiassa kielteisiä tapahtumia, on seurauksena se, että maailmasta muodostuu kapea-alainen ja yksipuolinen kuva. Vaikuttaakin siltä, että pahoinvointi on lisääntynyt yhteiskunnassamme huomattavasti. Yksi syy lienee se, että sitä tuodaan esille huomattavasti enemmän kuin aiemmin. Jotta myös onnellisuus ja hyvä olo kasvaisivat, pitäisi tuoda esille yhtä kielteistä asiaa kohden kymmenen myönteistä onnistumista. Se ehkä vaikuttaisi elämässä hyvinvoinnin lisääntymiseen.

Median esiin tuomien asioiden kirjoja pitäisi laajentaa. On valtavasti kysymyksiä, joihin ei ole vielä annettavissa yksiselitteisiä vastauksia. Tutkimusta tulisi lisätä. Tiedon lisäämiseksi pitäisi tutkia muun muassa seuraavia kysymyksiä: Miten mediaan valikoituu terveyden ja työhyvinvoinnin teemat? Millainen on median suhde hyvinvointiin tai pahoinvointiin? Mitä tutkimustulosten viestinnästä seuraa? Milloin terveysmarkkinointi muodostuu manipulaatioksi tai mitkä ovat terveysterrorismin ominaispiirteitä? Mikä on lopulta median rooli ja terveysvaikutukset kansanterveydessä? Miten saadaan terveyskeskustelu aktiiviseksi ja dialogiseksi?

Esimerkiksi työssäkäyvien työhyvinvointiin ja eri-ikäisiin ihmisiin liittyviä, avointa keskustelua odottavia asioita on paljon, kuten ylityöt, niin sanotut harmaat työt, määräaikaiset työsuhteet, itsemurhat, koulusurmat, perheväkivalta, uusköyhyys sekä lomautukset, työttömyys ja sen uhka. Voidaan edelleen kysyä, pitääkö ihmisen työhön päästäkseen olla yltiöpäisen hyvä? Jos, niin seuraava kysymys kuuluu, mihin keskivertoihminen sijoittuu työelämässä? Miten edellä oleva kysymys vaikuttaa terveyteen? Kilpaillaanko vääristä asioista? Tuoko omistaminen onnellisuutta?

Mitä ovat esimerkiksi työelämän ja yhteiskunnan henkiset arvot? Miten edelliset teemat liittyvät hyvinvointiin ja mediaan? Miten pahoinvoinnin teemoja seurauksineen käsitellään tai tulisi käsitellä päivittäisessä mediassa niin, etteivät ne lisäisi pahoinvointia, turvattomuutta ja pelkoja tulevaisuudesta?

Ajoittain on näkyvillä lääketieteen tutkijoiden ja median edustajien välillä ristiriitaisuutta siitä, mitä ja miten terveysviestejä tulisi kansalaisille tuottaa. Tutkijat, asiantuntijat ja tiedetoimittajat ovat uudenlaisten haasteiden edessä ja huolissaan siitä, miten tutkimustuloksia markkinoidaan ja viestitään kansalaisille niin, että se ymmärretään ja miten kansalaiset niitä ymmärtävät. Asioita mutkistaa myös se, että terveysvalistus kuuluu heidän toimenkuvaansa. Lisähaasteena esiintyy sen myöntäminen, ettei kaikkea vielä tiedetä. Tutkittua tietoa julkaistaan koko ajan ja tulokset voivat aiheuttaa nykyisen tiedon mitätöinnin. Vaikka jossakin terveysasiassa vallitsisi juuri nyt konsensus, se ei tarkoita, että se tilanne pysyisi muuttumattomana muutaman vuoden kuluttua.

Terveystoimittajat haluavat usein uutisoida omalla tavallaan lääketieteenkin uutisia. Monesti voi lukea saman tutkimuksen tuloksista eri versioita. Toisinaan näyttää siltä, että vallankäyttö, rahan valta, markkinavoimat, jopa terveysterrorismi, ohittavat kansalaisen ensisijaisen edun ja terveyden.

Esimerkkinä negatiivisen sisällön omaamista uutisista, jotka aiheuttavat uteliaisuutta, mutta samalla pelkoja, ovat mediassa nopeasti esiteltävät nk. sensaatiotapahtumat. Esimerkiksi Itkonen (2009) toteaa, että "suuronnettomuudet ovat journalismille näytön paikka: tavallista enemmän palstatilaa, leveämmät otsikot, suuremmat kuvat ja sähköisen median puolella jatkuvat lähetysvirrat antavat toimituksille mahdollisuuden käyttää koko arsenaaliaan". Tällaisten tapahtumien uutisointi herkistää toimittajien eettisten sääntöjen tason. Myös paineet hyvän laadun ja puolueettomuuden ylläpitämiseksi kasvavat. Kysymykset vallasta, kontrollista, uutisten oikeellisuudesta ja asioiden dramatisoinnista nostavat päätään. Media on nopea tiedon jakaja ja voi käyttää uhkan, toivon, toivottomuuden ja hallinnan retoriikkaa (Itkonen 2009).

Lääketieteen ja median suhdetta kuvataan kaksiteräiseksi miekaksi. Toisaalta lääketiede tarvitsee mediaa terveysvalistukseen sekä uuden tutkimustiedon välittämiseen, mutta samalla terveyskirjoittelua on arvosteltu vääristeleväksi, skandaalinhakuiseksi ja monilta osin puutteelliseksi. (Järvi 2014.)

On kuitenkin huomattava, että ei ole olemassa vääriä mielipiteitä, vaan ne voivat perustua vääriin tietoihin tai johtopäätöksiin. Median eri välineissä seulotaan päivittäistä uutisvirtaa sen hetken ja sillä hetkellä saatavissa olevien tietojen pohjalta. Tietotulvan vastaanottajien eli kansalaisten tunteilla ja mielikuvilla on suuri merkitys siinä, mitä vaikutuksia tiedonsiirroilla on. Myös jutun tekijöillä on omat mielikuvat ja tunteet, jotka ohjaavat tarinoiden kerrontaa objektiivisuuteen pyrkimisestä huolimatta (Maunu 2008).

Mediassa on käyty osin ristiriitaisia kannanottoja puolesta ja vastaan siitä, mitä terveyspalveluja ja kenelle niitä pitäisi ensisijaisesti tarjolla. Tarjotaanko julkisia palveluja sellaisissa tapauksissa, joissa katsotaan, että asianomainen on itse aiheuttanut oman sairastumisensa tai pahoinvointinsa. Yleisessä keskustelussa on havaittavissa toisinaan varsin syyllistävä sävy.

Kansalaisia kiinnostaa oma terveys ja hyvinvointi. Sitä kautta lääketiede myös kiinnostaa. Media seuraa ja uutisoi mielellään lääketieteen kehitystrendejä ja tutkimustuloksia, koska lääketiede tuottaa koko ajan uutta ja kansalaisten seuraaminen on taattua. Lääketieteessä keksitään uusia asioita, tehdään keksintöjä ja kehitetään uusia hoitoja sekä lääkkeitä. Toisaalta leviävät ja pelottavat sairaudet saavat aina kansalaiset havahtumaan ja lukemaan tai kuulemaan niistä.

Itkonen (2009) näkee, että ”uutisissa käytetään toistuvasti uhkan, toivon ja hallinnan retoriikkaa. Uhkan retoriikkaan kuluu sairauksien ja terveysriskien dramatisointi pelottaviksi ja hallitsemattomiksi. Toivon retoriikkaa viljellään uusista keksinnöistä ja hoitomuodoista kertovissa jutuissa. Hallinnan retoriikka korostaa lääketieteen auktoriteettiasemaa terveystiedon tuottamisessa ja tulkinnassa”.

Ilmastomuutos, terveys ja media

Pohdin tämän otsikon alla lyhyesti ilmastomuutosta ja sen vaikutuksia ihmisen terveyteen. Asia on tärkeä ja ajankohtainen. Ilmastonmuutos ja ihmisten terveys on puhutumpia aiheita julkisuudessa ja mediassa. Median viestintä ilmastomuutoksen ja terveyden yhteyksistä tulee olemaan tulevaisuudessa yksi tärkeimmistä tiedonvälitysasioista. Ilmastomuutos vaikuttaa globaalisti kansalaisten elämään ja luonnonympäristöihin nyt ja etenkin tulevaisuudessa. Ilmastonmuutos vaikuttaa monin tavoin niin ihmisten fyysiseen, kuin psyykkiseenkin terveyteen. Ilmastonmuutosta voi ja tulee torjua monin eri tavoin. Tietoa saadaan runsaasti niin vähähiilisestä elämäntavasta kuin hiilijalanjälkien pienuudesta tai suuruudesta.

Tarkastelen alla olevia ilmastonmuutokseen liittyviä tekijöitä lainaamalla otteita Mieli Suomen Mielenterveys ry:n julkaisemasta ja Panu Pihkalan kirjoittamasta raportista (2019) ”Ilmastoahdistus ja sen kanssa eläminen”. Ilmastonmuutos on laaja kokonaisuus ja siitä ollaan montaa eri mieltä. Lähes kaikkia ilmastonmuutoksen aiheuttamia oletettuja vaikutuksia terveyteemme on hankala varmasti tietää ja ennustaa. Ilmastonmuutoksen terveysvaikutukset voivat olla lyhytaikaisia ja voimakkaita, tai esiintyä pitkään yhtäjaksoisina. Auringonsäteily ja lämpötila ovat keskeisimpiä ihmiseen suoraan vaikuttavia tekijöitä ja lisäksi äärimmäiset sääolot, kuten myrskyt, rankkasateet ja tulvat vaikuttavat meihin suoraan.

Ilmastonmuutoksen epäsuorat terveysvaikutukset voivat syntyä esimerkiksi heikentyneen ilmanlaadun, siitepölymäärien muutosten, lisääntyneiden infektioiden, tai ruuan ja veden määrään ja laatuun kohdistuvien vaikutusten kautta. Ihmisen luomissa järjestelmissä tapahtuu mittavia häiriöitä, kuten sähkön- ja lämmönjakelussa esiintyviä katkoksia. Varakkaimmat ihmiset ja maat, kuten Suomi, ovat keskimääräistä vähemmän haavoittuvaisia ilmastonmuutokselle. Huomattavimmin ilmastonmuutoksen negatiiviset terveysvaikutukset liittyvät Suomessa synkkenevien ja entistä vähälumisempien talvien mielenterveysvaikutuksiin. Hellepäivien lisääntyminen aiheuttaa terveyshaittoja ainakin lämpötilan vaihteluille alttiille ryhmille, kuten vanhuksille, lapsille, ulkona työskenteleville ja kroonisesti sairaille. Lisäksi Suomessa on varauduttava matkailijoiden ja ilmastopakolaisten mukana leviävien, muualla maailmassa ilmastonmuutoksen myötä lisääntyvien sairauksien hoitoon esimerkiksi kattavamman koulutuksen ja trooppisten sairauksien paremman hoitovalmiuden avulla.

Ilmastonmuutos on vakavin ihmiskuntaa koskaan kohdannut, kimurantti ympäristöongelma. Sen torjumista varten on olemassa tekniset ratkaisut, mutta monet psykologiset tekijät estävät niiden käyttöönoton. Vaikka tiedämme, minkälaisilla toimilla ilmastonmuutos voidaan torjua, saattaa aiheeseen liittyvä ahdistus saada meidät torjumaan asian mielestämme. Psykologinen tieto voi auttaa niin reaktioiden ymmärtämisessä, kuin ongelmien ratkaisemisessakin.

Viime aikoina on yhä enemmän alettu puhua ilmastoahdistuksesta. Ilmastoahdistus määritellään osaksi laajempaa ilmiötä nimeltä ympäristöahdistus. Molemmissa on kyse vaikeista tuntemuksista (mm. huoli, suru, pelko, voimattomuus, häpeä, ahdistus), jotka kumpuavat ympäristöongelmista ja niiden uhasta. Sekä ympäristö- että ilmastoahdistus ovat siis osa ilmiötä, jossa maailman tila vaikuttaa ihmisten mielenterveyteen. Ahdistus ei selity psyykkisellä haavoittuvuudella eikä ole sairaus, vaan se on ymmärrettävä reaktio suhteessa laajoihin ympäristöongelmiin.

Ilmastoahdistus voi olla ongelma, jos se on niin voimakasta, että henkilö lamaantuu, mutta kuten aiemmin jo mainittiin, ei ilmastoahdistus lähtökohtaisesti ole sairaus vaan ymmärrettävä reaktio maailman ympäristöongelmien suuruuteen. Ilmastoahdistus voi toimia myös merkittävänä voimavarana, mutta tämä edellyttää sitä, että henkilö löytää yhdessä toisten kanssa riittävästi aikaa ja tilaa tunteiden käsittelyyn sekä riittävästi toimintamahdollisuuksia ilmastonmuutoksen hillitsemiseksi.

Esimerkkejä erilaisista ilmastoahdistuksen oireista (mm. unihäiriöt, mielialan vaihtelut, ylivirittyneisyys ja energiatasojen vähentyminen) tunnetaan jo, mutta vielä ei ole olemassa kattavaa tutkimustietoa siitä, mitä kaikkia oireita esiintyy ja millaista dynamiikkaa niihin tarkalleen liittyy. Tutkimusta kuitenkin tehdään parhaillaan. Usein ilmastonmuutos tuo lisää stressitekijöitä perinteisesti stressiä aiheuttaviin kysymyksiin, kuten huoleen lapsista tai tulevaisuuden suunnitteluun. Usein ilmastoahdistus siis yhdistyy muihin ahdistuksen aiheisiin, kuten ammatinvalintaan liittyvään ahdistukseen.

Terveysviestinnän ristiriitaisuudet mediassa

Palaan vielä uudestaan asiaan, joka askarruttaa itseäni ja varmasti monia muita kansalaisia. Terveysviestintä on ristiriitaista. Mikä osa mediasta luetusta terveysviestinnästä on totta tai hyödyllistä? Miten yksilö voi tunnistaa terveysviestinnän uutisen tai tiede- tai tutkimustiedon tosiasiallisuuden? Miten kansalainen voi varmistua, että on ymmärtänyt terveysviestin uutisen oikein? Miten voi erottaa eilisen viestin todenperäisyyden ja tänään ilmestyneen erilaisen viestin todenperäisyyden? Kaikilla ihmisellä on erilaisia uskomuksia, myös terveyteen tai sairauksiin liittyviä. Tällainen taipumus uskoa omiin uskomuksiin voi ehkäistä totuuden näkemisen terveysviesteissäkin. Ihmiset puhuvat keskenään arjessa terveydestä ja sairauksista joka päivä. Somesta voi lukea uusia tietoja, hämääviäkin, ihmisen hyvinvoinnista. Nk. huuhaa-tietoutta esitetään myös runsaasti. Media on täynnä tarinoita ja kokemuksia, joita eri ihmisillä on kokeiltuaan erilaisia hoitoja tai ei virallisiksi hyväksyttyjä lääkkeitä. Paraneminen ja sairastaminen on aina yksilöllistä, myös psyyken ja toivon voima on monesti käsittämättömän suuri. On kuitenkin selvittävä terveysviestinnän paljoudesta. On oltava aina kriittinen lukemaansa kohtaan. On mietittävä sitä, että millainen asiantuntija uutisen on julkituonut, on hänellä/heillä asiantuntemusta kyseisen terveysviestin sisältöön. Median vastuu on nykyisin suuri ja oletukseni on, että tulevaisuudessa se on vielä isompi.

Media heijastaa todellisuutta, myös terveyden ja sairauksien, mutta samanaikaisesti myös luo sitä. Mediassa rakennetaan yksilöiden maailmakuvaa, hyvinvoinnin identiteettiä ja media kietoutuu ihmisen elämänhallintaan, osaksi sitä. Media on kuin suuri näyttämö, jonka pää- tai sivukatsomoihin asettuvat ihmiset hyvinvoivina, terveinä tai sairaina. Mediasta ammennetaan terveystietoa, ihmisen oman hyvinvoinnin, kasvun ja kypsymisen aihioita. Yksittäisen kansalaisen sairastumisen ja hoitamisen teot tuodaan julki. Yksilöt voivat peilata itseään niihin. Toisinaan löydetään yhtäläisyyksiä oman terveyden kanssa, mutta usein kuitenkin pelästyneenä tai tyytyväisenä voidaan pohtia uutista ja todeta, ettei sentään itse ole niin huonokuntoinen, kuin esille tuotu sairastunut tai kuoleva ihminen. Mediassa julkituodut yksittäistapaukset yleistetään yleisiksi toimintamalleiksi. Uhan tunne ja tunnereaktiot, kuten pelot, lisäävät leimoja. Negatiivinen kierre vahvistuu paljon nopeammin kuin positiivinen. Totta näyttäisi olevan myös se, etteivät positiiviset asiat myy eikä niistä kiinnostuta. Yhtä totta voi olla se, että selviytyäkseen ihminen tarvitsee iloa, onnellisia tapahtumia, toiveikkuutta ja uskoa tulevaan. Tämä pätee vahvasti jokaisen elämään. Ihmisellä on luontainen halu tulla hyväksytyksi, rakastetuksi ja arvostetuksi jokaisessa elämänvaiheessa.

Edellä oleva soveltuu siis terveyden ja sairauksien teemojen pohdintaan. Maailman eri maissa esiintyy samanlaisia tai erilaisia sairauksia, joista saattaa aktivoitua kriisejä. Eri median välineet mahdollistavat nykyisin ihmisten jatkuvan esilläolon. Myös omien sairauksien tai hyvinvoinnin kautta voi haluta tulla näkyville ja olla julkisuudessa. Julkisuudessa olo saattaa muodostua huumeeksi, jota ilman ei pystytä elämään. Kuten aiemmin totesin, niin toisaalta nk. julkisuuden henkilön oman sairauden ja selviytymisen tarina voi auttaa vertaisuuden tavoin muita samankaltaisessa tilanteessa olevia. Medialla on siis monia erilaisia laajoja tehtäviä, joita pitää hoitaa rehellisesti, eettisesti ja mahdollisimman objektiivisesti kansalaisen etua ajatellen.

Lähteet ja kirjallisuus

Aaltonen, T., Pajunen, H. & Tuominen, K. 2005. Syty ja Sytytä. Valmentavan johtamisen filosofia. Helsinki. Talentum.

Adams, A. & Bond, S. 2000. Hospital nurses' job satisfaction individual and organizational characteristics. Journal of Advanced Nursing 32: 536– 543.

Aittoniemi, K. 2013. Pääkirjoitus: Genomitiedon aikakausi vaatii valmistautumista. Lääkäri-lehti 18/2013 vsk 68, 1316.

Aittoniemi, K. 2018. Sosiaali- ja terveysministeriö. Genomikeskuksen perustaminen. Selvityshenkilön raportti 28.2.2018

Ahola, K., Tuisku, K., Rossi, H. 2018. Työuupumus (burn out). Lääkärikirja Duodecim.

Ahola, K., Honkonen, T., Kalimo, R., Nykyri, E., Aromaa, A. & Lönnqvist. J. 2004. Työuupumus Suomessa. Terveys 2000 tutkimuksen tuloksia. Suomen Lääkärilehti 59: 4109–3113.

Allardt, E. 2000. Laatuyhteiskunta: onnistunut vai vaarallinen visio. Julkaisussa: Gabrielsson, U. (toim.). htt://www.eduskunta.fi/fakta/tutkas/ julk0200. Viitattu 4.5.2021.

Antila, J. & Ylöstalo, P. 2002. Proaktiivinen toimintatapa –yritysten ja palkansaajien yhteinen etu? Työpoliittisia tutkimuksia 239. Työpoliittinen tutkimussarja. Helsinki. Työministeriö.

Aro, T., Huunaan-Seppälä, A., Kivekäs, J., Tola, S. & Torstila, I. (toim). 1999. Vakuutuslääketiede. Helsinki. Duodecim.

Bordi, Laura, Heikkilä-Tammi, Kirsi, Laine, Nina, Mäkiniemi, Jaana-Pia & Seppänen, Sanna. 2014. Psykososiaalisiin kuormitusja voimavaratekijöihin liittyvä työhyvinvointitutkimus Suomessa 2010–2013. Sosiaali- ja terveysministeriö 2014.

Caplan, R.P. 1994. Stress, anxiety and depression in hospital consultants, general practitioners and senior health service managers. BMU: 309.

Carlsson, M. & Forssell, C. 2008. Esimies ja coaching – Oivaltava coaching johtamisen työkaluna. Porvoo. Tietosanoma Oy.

Cheng, H., Kotler, P. & Lee, N. 2011. Social marketing for public health – global trends and success stories. Jones & Barlett.

Dadi, Y. Tautinen media. Lääkärilehti 12/15.

Drake, M. 2014. Sosiaalinen media tehnyt potilaista yhä valveutuneempia. Teoksessa: Tautinen media.

Druker, P. 2000. Johtamisen haasteet. Juva. WSOY.

Eager, E.D., Sullivan. L. M., Kelly-Hayes, M., D'Agostino, R.B. & Sr, Benjamin, E.J. 2004. Does job strain increase the risk for coronary heart disease or death in men and women? The Framingham Offspring Study. Am J Epidemiol 159:950–958.

Elovainio, Marko, Kivimäki, Mika & Vahtera, Jussi. 2002. Organizational Justice: Evidence of Psychosocial Predictor of Health. American Journal of Pub.

Forma, P., Tuominen, E. & Väänänen-Tomppo, I. 2004. "Työssä jatkamisen haasteet yksityisellä ja julkisella sektorilla". Teoksessa Tuominen, E. (toim). Eläkeuudistus ja ikääntyvien työssä jatkamisaikeet. Eläketurvakeskuksen raportteja 37. Helsinki. Hakapaino. 23-82.

Forma, P., Harkonmäki, K., Saari, P. & Väänänen, J. 2008. Ketkä tekevät kuntatyön tulevaisuudessa? Helsinki. Kuntieneläkevakuutus.

Forma, P. & Väänänen, J. 2004. Työssä jatkaminen ja työssä jatkamisen tukeminen kunta-alalla. Kuntatyö 2010 -tutkimus. Helsinki. Kuntien eläkevakuutus.

Garmezy, M. & Rutter, M. 1983. Stress, coping and developmentin children. New York. McGraw Hill.

Giles, A. (toim). A Lifecourse Approach to Coronary HeartDisease Prevention. London. National Heart Forum, the Stationery Office.

Gould, R., Ilmarinen, J., Järvisalo, J. & Koskinen, S (toim.) 2006. Työ- kyvyn ulottuvuudet. Terveys 2000 -tutkimuksen tuloksia. Helsinki. Eläketurvakeskus, Kansanterveyslaitos, Työterveyslaitos ja Kansaneläkelaitos.

Gould, R. Grönlund, H., Korpiluoma, R., Nyman, H. &Tuominen, K. 2007. Miksi masennus vie eläkkeelle? Helsinki. Eläketurvakeskuksen raportteja 1.

Hakanen, J. 2005. Työuupumuksesta työn imuun: työhyvinvointitutkimuksen ytimessä ja reuna-alueilla. Helsingin yliopisto. Tilastokeskuksen ja Työterveyslaitoksen julkaisuja.

Hakanen, J. 2002. Työuupumuksesta työn imuun – positiivisen työhyvinvointikäsitteen arviointimenetelmän suomalaisen version validointi opetusalan organisaatiossa. Työ ja ihminen. Tutkimusraportti 4:336–356. Helsinki. Työterveyslaitos.

Hakanen, J. 2004. Työuupumuksesta työnimuun. Työhyvinvoinnintutkimuksen ytimessä ja reuna-alueilla. Työ ja ihminen. Tutkimusraportti 27. Helsinki. Työterveyslaitos.

Hakanen, J. & Perhoniemi, R. 2008. Muutokset työssä, työn imu ja jatkamisaikeet työelämässä – kolmen vuoden seurantatutkimus suomalaisilla hammaslääkäreillä. Työelämän tutkimus 1:30–43.

Hakanen, J. 2009. Työn imua, tuottavuutta ja kukoistavia työpaikkoja? – kohti laadullista työelämää. Työsuojelurahasto. Helsinki. Työterveyslaitos.

Hoffrén, 2011. Kestävän hyvinvoinnin mittaamisen vaihtoehdot. Hyvinvointikatsaus 1/2011 - Talous ja hyvinvointi. Tilastokeskus.

Honkonen. T., Lindström, K. & Kivimäki, M. 2003. Psykososiaalinen työkuormitus mielenterveyden häiriöiden etiologiassa. Duodecim 119:1327–33.

Hopwood, T. & Merritt, R. 2011. Sosiaalisen markkinoinnin ABC. Opas 18. Tampereen yliopistopaino. Tampere

Hotakainen, M. ja Mäkinen, J. 2021. Tiedetoimittajia tarvitaan nyt enemmän kuin koskaan. Tiede-lehti. Tieteessä tapahtuu 1/2021, 54.

Huuhtanen, P. & Kasvio, A. 2007. Työelämän kehityssuunnat teollisuusmaissa. Teoksessa: Kauppinen, T., Hanhela, R., Heikkilä, P., Kasvio, A., Lehtinen, S., Lindström, K., Toikkanen, J. & Tossavainen, A. (toim). Työ ja terveys Suomessa 2006. Helsinki. Työterveyslaitos.

Härmä, M. & Nupponen, T. (toim). 2002. Työn muutos ja hyvinvointi tietoyhteiskunnassa. Helsinki. SITRA 22.

Ilmarinen, J., Gould, R., Järvikoski, A. & Järvisalo, J. 2006. Työkyvyn moninaisuus. Teoksessa: Gould, R., Ilmarinen, J.,

Itkonen, Helena. 2009. Artikkeli: Media, terveydenhuolto ja etiikka. Julkaisussa: Aika moisia arvoja. Pohdintoja hoitotyön etiikasta. Helmikuu 2009. Tehy. Helsinki.

Jallinoja, P., Helakorpi, S. & Uutela, A. 2003. Huumekontaktit, huumemielipiteet ja valtakunnallisen huumeviestikampanjanhavaittavuus. Tutkimuksia aikuisista suomalaisista 2002. Helsinki. Kansanterveyslaitoksen julkaisuja B1/2003.

Juholin, Elisa. 2009. Communicare! – Viestintä strategiasta käytäntöön. 5. uudistettu painos. Bookwell, Porvoo, 3, 34-37.

Järvi, U., Vuorenkoski, L., Vainikainen, T. 2005. Toimittaja taiteilee lääkeviestinnän ristiaallokossa, Kysely lääketieteen toimittajien näkemyksistä lääketiedon tuottajista ja tiedon luotettavuudesta. Tiedotustutkimus.

Järvi, U. 2005. Professori Antti Aro: Välittömästi 200 ravitsemusterapeuttia terveyskeskuksiin! Lääkärilehti 2/2005 vsk 60,139.

Järvi, U. 2014. Media muuttaa käsityksiä terveydestä. Ulla Järvi, toim. Kustannus Oy Duodecim 2014.

Järvi, U. 2011. Media terveyden lähteillä – Miten sairaus ja terveys rakentuvat 2000-luvun viestinnässä. Akateeminen väitöskirja. Jyväskylä: Jyväskylän yliopisto.

Järvisalo, J. & Koskinen, S. (toim). Työkyvyn ulottuvuudet.Terveys 2000 -tutkimuksen tuloksia. Helsinki. Hakapaino Oy.

Järvisalo, J., Laine, A., Lamberg, M. E., Matikainen, E. & Yrjänheikki, E. 1996. Tositarinoita työkyvyn ylläpitämisestä. Helsinki. Työterveyslaitos. Sosiaali- ja terveysministeriö.

Kalimo, R. & Hakanen, J. 1998. Työuupumus tutkimusten valossa. Ihmisen voimavarat työhön. Helsinki. Työterveyslaitos.

Kalimo, R. & Toppinen, S. 1997. Työuupumus Suomen työikäisellä väestöllä. Ihmisen voimavarat työhön. Työterveyslaitos. Helsinki.

Kangasmäki, E. 2007. Eettisen johtajuuden toteutuminen ja sen merkitys henkisen hyvinvoinnin tukemiseen – sairaanhoitajien kokemuksia sairaalan osaston työyhteisössä. Pro gradu Tutkielma. Jyväskylän yliopisto. Jyväskylä. Terveystieteiden laitos.

Kanste, O. 2005. Moniulotteinen hoitotyön johtajuus ja hoitohenkilöstön työuupumus terveydenhuollossa. Väitöskirja. Oulu. Oulun yliopiston lääketieteellinen tiedekunta, hoitotieteen ja terveyshallinnon laitos.

Karasek, R. 1979. Job demands, job decision latitude, and mental strain: Implication for job resesign. Administrative Science Quartely 24.

Karasek, R. & Theorell, T. 1990. Healthy Work. New York. Basic Books Publishers.

Kasvio, A. & Huuhtanen, P. 2007. Työ ja työntekijät. Teoksessa: Kauppinen, T., Hanhela, R., Heikkilä, P., Kasvio, A., Lehtinen, S., Lindström, K., Toikkanen, J. & Tossavainen, A. (toim). Työ ja terveys Suomessa 2006. Helsinki. Työterveyslaitos.
Kauppinen, T., Hanhela, R., Heikkilä, P., Kasvio, A., Lehtinen, S.& Lindström, K. 2004. Työ ja terveys Suomessa 2003. Helsinki. Työterveyslaitos.

Kauppinen, T. ym. (toim.) 2007. Työ ja terveys Suomessa 2006. Helsinki. Työterveyslaitos.

Kauppinen, Timo, Mattila-Holappa, Pauliina. Perkiö-Mäkelä, Merja, Salo, Anja, Toikkanen, Jouni, Tuomivaara, Seppo, Uuksulainen, Sanni, Viluksela, Marja & Virtanen, Simo (toim.) 2013. Työ ja Terveys Suomessa 2012. Seurantatietoa työoloista ja työhyvinvoinnista. Työterveyslaitos Helsinki. Tammerprint Oy, Tampere 2013.

Kauvosaari, L. 2018. Sosiaalisen median vaikuttajamarkkinointi ja kuluttajakäyttäytyminen. Opinnäytetyö. Kauppa, hallinto ja oikeustieteet. Liiketalouden koulutusohjelma. Lapin AMK.

Kivimäki, M., Leino-Arjas, P., Luukkonen, R., Riihimäki, H., Vahtera, J & Kirjonen, J. 2002. Work stress and risk ofcardiovascular mortality: Prospective cohort study of industrial imployees. BMJ 325: 857–860.

Kivimäki, M., Vahtera, J., Pentti, J. & Ferrie, J.E. 2000. Factors underlying the effect of organisational downsizing on health of employees: a longitudinal cohort study. BMJ 320:971–975.

Koivumäki, J. 2008. Työyhteisöjen sosiaalinen pääoma. Akateeminen väitöskirja. Tampereen yliopisto. Sosiologian ja sosiaalipsykologian laitos. Tampere. Tampereen Yliopistopaino Oy Juvenes Print.

Koskinen, O. 2005. Asia- ja ihmisjohtajien eroavaisuudet. Väitöskirja. Acta Wasaensa. Nro 134. Vaasa. Universitas Wasaensis.

Kotter, J.P. 1996. Muutos vaatii johtajuutta. Helsinki. Rastor. Kunnallinen työmarkkinalaitos. 2007. Työhyvinvoinnin toimintalinjat ja hyvät käytännöt – suositus kunta-alalle. Helsinki. Kunnallinen työmarkkinalaitos.

Kuusela, P. & Kuittinen, M. 2008. Organisaationtutkimuksen suuntaukset ja muutoksen tarkastelun näkökulmat. Artikkeli. Teoksessa: Kuusela, P. & Kuittinen, M. (toim.). Organisaatiot muutoksessa. 2008. Kuopio. UNIpress.

Kyllönen, S. & Oksanen, M.2020. (toim.): Ilmastonmuutos ja filosofia 2020. Gaudeamus.

Laaksonen, H. 2008. Luottamukseen perustuvan ja voimistavan johtamisen prosessimalli ja työyhteisön hyvinvointi. Akateeminen väitöskirja. Vaasa: Vaasan yliopisto. Hallintotieteiden tiedekunta.

Laitinen, E.K. 2003. Yritystoiminnan uudet mittarit. Talentum. Jyväskylä. Gummerus.

Launis, K., Kantola, T., Niemelä, A-L. & Engeström, Y. 1998. Työyhteisöt vanhan ja uuden murroksessa. Helsinki. Työterveyslaitos.

Launis, V. 2009. Etiikka(a) voi parantaa. Julkaisussa: Aika moisia arvoja. Pohdintoja hoitotyön etiikasta. Helsinki: Tehy.

Lazarus, R.S. & Folkman, S. 1984. Stress, appraisal and coping. New York. Springer publishing company.

Lindström, K. & Leppänen, A. 2002. Työyhteisön terveys ja hyvinvointi. Helsinki. Työterveyslaitos.

Lindström, K. 2008. Työ ja ihminen. Tutkimusraportti 32.Helsinki. Työterveyslaitos.

Llauradó, E., Aceves-Martins, M., Tarro, L., Papell-Garcia, I.,Puiggros, F., Arola, L., Giralt, M. 201607.5. A youth-led social marketing intervention to encourage healthy lifestyles, the EYTO (European Youth Tackling Obesity) project: a cluster randomised controlled trial in Catalonia, Spain. BMC public health 15:

Loppela, K. 2004. Ihminen ja työ – keskustellen työkuntoon. Työyhteisön kehittäminen työkykyä ylläpitävän toiminnan viitekehyksenä. Akateeminen väitöskirja. Tampere. Tampereen yliopisto. Kasvatustieteiden laitos.

Luomala, A. 2008. Työhyvinvointi muutoksessa. Tutkimus kuntaliitoksen vaikutuksista henkilöstön työhyvinvointiin. Luomala,(toim). Työhyvinvoinnin ja ihmisten johtamisentutkimus- ja kehittämisryhmä. Tampere. Synergos. Tampereen yliopiston kauppakorkeakoulu.

Luukkanen P. & Louhiala P. 1999. Vaihtoehtohoidot ja etiikka. Suomen lääkärilehti 31(54): 3887–3889.

Maasilta, Mari. 2017. Uuden ja (vanhan) äärellä. Pääkirjoitus. Media & viestintä 40 (2017): 3–4, i-ii

Mackenbach, J.P., Bos, V., Andersen, O. ym. 2003. Widening socioeconomic inequalities in mortality in six Western European countries. Int J Epidemiol 32:830–837.

Macleod, J. & Davey Smith, G. 2003. Psychosocial factors and public health: a suitable case for treatment? J Epidemiol Community Health 57:565– 570.

Malmi, T., Peltola, J. & Toivainen, J. 2006. Balanced scorecard – rakenna ja sovella tehokkaasti. 5. uudistettu painos. Economia sarja 25. Jyväskylä. Gummerus.

Manka, M-L., Kaikkonen, M-L. & Nuutinen, S. 2007. Hyvinvointia työyhteisöön. Eväitä kehittämistyön tueksi. Tampere. Tutkimus- ja koulutuskeskus Synergos. Tampereen yliopisto & Euroopan Sosiaalirahasto.

Manka, M-L. 2006. Tiikerinloikka työniloon ja menestykseen. Helsinki. Talentum.

Manley, K., Hamill, J. & Hanlon, M. 1997. Nursing staff perceptions and experiences of primary nursing practice in intensive care 4 years on. Journal of Clinical Nursing 6: 277–278.

Marjala, P. 2009. Työhyvinvoinnin kokemukset kertomuksillisina prosesseina – narratiivinen arviointitutkimus 2009. Akateeminen väitöskirja. Acta Universitas Ouluensis C, Technica 315. Oulu. Oulun yliopisto.

Maslach, C. & Leiter, M. 1997. The truth about burnout. How organisations cause personal stress and what to do abot it. San Francicso. JosseyBassa Publishers.

McDowell, I. & Newell, C. 1996. Measuring Health. A Guide to rating scales and guestionnaires. Press. New York. Oxford Universitary.

Miettinen, S. 2000. Keskustelun ja dialogin taito. Teoksessa: Itsensä johtaminen. WSOY. Helsinki. Juva. WS Bookwell.

Montgomery, K. 1990. Promoting health through entertainment television. Teoksessa: Atkin, Charles & Wallack, Lawrence (toim.) Mass communication and public health: complexities and conflicts. Newbury Park: Sage. 114–128.

Moorman, R. H. 1991. Relationship Betteen organizational Justice and organizational citizenship behavior: Do fairness perseption influence employee citizenship. Journal of Applied Psychology 76: 845 -855.

Myers, J. E., Sweeney, T.J. & Witmer, J. M. 2000. The wheel of wellness counseling for wellness: a holistic model for treatment planning. Journal of Counsling and Development 78.

Mäkinen, K. Sorvali, J. Lipsanen, A. & Hildén, M. 2019. Kansallisen ilmastonmuutokseen sopeutumissuunnitelman 2022 toimeenpanon väliarviointi. Maa- ja metsätalousministeriön julkaisuja 2019:11.

Mäkitalo, J. 2008. Mitä työhyvinvoinnille tapahtuu muutoksessa? Teoksessa Mäkitalo, J. & Paso, E. (toim.) Työ, työ ja työ. Työlähtöinen työterveyshuolto ja kuntoutus. Sosiaali- ja terveysministeriö, Euroopan sosiaalirahasto, Verve, Työterveyslaitos,Toiminnan teorian ja kehittävän työntutkimuksen yksikkö, Helsingin yliopisto, Kalevaprint Oy. 22–28.

Mäkitalo, J. 2005. Suomalainen paradoksi. Teoksessa: Viimeinen tykykirja. Paso, E., Mäkitalo, J. & Palonen, J (toim). Merikosken kuntoutus- ja tutkimuskeskus. Keskinäinen Eläkevakuutusyhtiö Tapiola. Art-Print Oy.

Nakari, R. & Valtee, P. 1995. Menestyvä työyhteisö. Yhteistoiminnallisuuden näkökulmia työyhteisön kehittämiseen. Helsinki. Helsingin kaupunki.

Niskanen, P. & Mikkonen, T. 1999. Masennus ja työkyvyttömyys. Katsaus- artikkeli. Suomen lääkärilehti 31. vsk 54: 3823–3827.

Nousiainen, I. 2000. Kriittinen ote työhön. Teoksessa: Itsensä johtaminen. Miettinen, S., Miettinen, M., Nousiainen, I. & Kuokkanen, L. WSOY, Helsinki. WS Bookwell Oy. Juva.

Nykänen, A. 2016. Käsityksiä terveysviestinnän luotettavuudesta ja ristiriitaisuudesta internetissä. Yhteisöviestinnän Pro gradu -tutkielma. Jyväskylä: Jyväskylän yliopisto. Viestintätieteiden laitos.

Opetusministeriö 2007. Ehdotus toimenpideohjelmaksi mediataitojen ja -osaamisen kehittämiseksi osana kansalais- ja tietoyhteiskuntataitojen edistämistä. Helsinki. Opetusministeriön työryhmämuistioita ja selvityksiä 29.

Pellikka, R. 2018. Eheä yhteiskunta ja kestävä hyvinvointi. Sosiaali- ja terveysministeriön tulevaisuuskatsaus. Valtioneuvoston julkaisusarja 22/2018.

Päihdetilastollinen vuosikirja. 2019a. Alkoholi ja huumeet. Terveyden- ja hyvinvoinnin laitos 2020.

Päihdetilastollinen vuosikirja 2019b. Terveyden- ja hyvinvoinnin laitos 2020.

Pöyhönen, T.& Olkinuora, M.1985. Burnout ja stressi hoitoaloilla. Helsinki. Työterveyslaitos. Katsaus 75.

Rantanen, J. 2004. Artikkeli: Haasteista suurin. Hyvä johtaminen on menestyvän yrityksen elinehto. Teoksessa: Kehityshyppyjä uuteen. Helsinki. Innotiimi Oy. Libris Oy.

Rehnbäck, K. & Keskinen, S. 2005. Alaistaidot, esimiestyö ja työn hallinta työhyvinvoinnin rakentajina. Kuntatyökunnossa. Helsinki. Kuntien eläkevakuutus.

Rice, R. E. 2006. Influences, usage, and outcomes of internet health information searching: multivariate results from the pew surveys. International Journal of Medical Informatics, 75 (1).

Ropo. A., Eriksson, M., Sauer, E., Lehtimäki, H., Keso, H., Pietiläinen, T. & Koivunen, N. 2005. Jaetun johtajuuden särmät. Helsinki. Talentum.

Saari, S. 2005. Media – katastrofi n uhrien vihollinen vai kriisiprosessin tukija. Journalismikritiikin vuosikirja

Saarinen, M. 2007. Tunneälykäs esimiestyö. Esimiesten kykypohjaisen tunneälyosaamisen laadullinen kuvaaminen ja määrällinen mittaaminen. Doctoral Dissertation Series 2. Espoo. Teknillinen korkeakoulu

Sallinen, M., Kecklund, G. & Shiftwork. 2010. Tieteellinen katsausartikkeli vuorotyön yhteydestä uneen ja väsymykseen: Sleep and sleepiness: differences between shift schedules and systems. Scandinavian Journal of Work, Environment & Health 36:121-133.

Sanastokeskus TSK ry. 2010. Multimediasanasto (TSK 28).

Sanastokeskus TSK ry. 2021. Sanastokeskus TSK:n Tietotekniikan termitalkoot 2017.

Sauni, R. 2019. Työympäristön linjaukset. Sosiaali- ja terveysministeriö. Sosiaali- ja terveysministeriön julkaisuja 2019:3

Sauni, R. 2020. Työympäristön ja työhyvinvoinnin linjaukset vuoteen 2030 : Turvallisia ja terveellisiä työoloja sekä työkykyä kaikille. Sosiaali- ja terveysministeriö.

Scherer, Clifford & Juanillo, Napoleon. 1992. Bridging theory and praxis: reexamining public health communication.Communication yearbook 15. London: Sage, 312–245.

Seligman, M. E. P. & Csikszentmihalyi, M. 2000. Positive psychology. An introduction. American Psychologist 55: 5–14.

Setälä, V. 2014. Terveyden esikuvat, pudokkaat ja inhimillinen epävarmuus – monitieteinen näkökulma mediapuheeseen. Teoksessa Järvi, U. (toim.) Tautinen media. Helsinki: Kustannus Oy Duodecim

Siitonen, J. 1999. Voimaantumisteorian perusteiden hahmottelua. Väitöskirjatyö. Opettajankoulutuslaitos. Oulu. Oulun yliopisto.

Sosiaali- ja terveysministeriö 2004. Valtioneuvoston periaatepäätös Työterveys 2015. Työterveyshuollon kehittämislinjat. Sosiaali- ja terveysministeriön julkaisuja 3. Helsinki. STM.

Sosiaali- ja terveysministeriö. 2005. Työhyvinvointitutkimus Suomessa ja sen painoalueet terveyden ja turvallisuuden näkökulmasta. Sosiaali- ja terveysministeriön selvityksiä 25. Helsinki. STM.

Sosiaali- ja terveysministeriö 2014. Hyvinvointi on toimintakykyä ja osallisuutta. Sosiaali- ja terveysministeriön tulevaisuuskatsaus 2014. Julkaisuja 2014:13. Helsinki. Juvenes Print – Suomen Yliopistopaino Oy, Tampere.

Sosiaali- ja terveysministeriö 2015a. Parempaa terveyttä genomitiedon avulla. Kansallinen genomistrategia. Raportteja ja muistioita 2015:24.

Sosiaali- ja terveysministeriö. 2015b. Katsaus tulevaisuuteen: Työelämä vuonna 2025. Työelämän ja työympäristön muutosten vaikutukset työsuojeluun ja työhyvinvointiin. Raportteja ja muistioita 2015:16.

Sosiaali- ja terveysministeriö. 2016. Hallituksen tasa-arvo-ohjelma 2016–2019. Sosiaali- ja terveysministeriön julkaisuja 2016:4. Lönnberg Print & Promo, Helsinki

Sosiaali- ja terveysministeriö. 2018. Genomikeskuksen perustaminen. Selvityshenkilön raportti 28.2.2018. Aittomäki, Kristiina (2018-12-05)

Sosiaali- ja terveysministeriö. 2020a. Strategia 2030. Sosiaali- ja terveysministeriön julkaisuja.

Sosiaali- ja terveysministeriö. 2020b. Työympäristön ja työhyvinvoinnin linjaukset vuoteen 2030. Raportti.

Suonsivu, K. 2008. Työhyvinvointityö laitoshoidon tuotantoalueella. Työhyvinvointisuunnitelma vuosille 2008–2012. Tampereen kaupungin hyvinvointipalvelut. Julkaisuja 4. Tampere. Tampereen Yliopistopaino Oy. Painatuskeskus.

Suonsivu, K. 2009a. Katsaus henkilöstön työhyvinvointiin ja sen johtamiseen. Tampereen kaupungin hyvinvointipalvelut. Tampere. Tampereen Yliopistopaino Oy. Painatuskeskus.

Suonsivu, K. 2009b. Työhyvinvointi – hyvän hoidon tae. Aikamoisia arvoja. Pohdintoja hoitamisen etiikasta. Tehy ry.

Suonsivu, K. 2018. Mediakasvatuksen käsikirja. Veera Willman (toim). Artikkeli: Media ja työhyvinvointi. Kuopio. UNIpress.

Suonsivu, K. 2019. Työhyvinvointi osana henkilöstöjohtamista. UNIpress. 3. painos.

Suonsivu, K. 2020. Minäkin olen vain ihminen. BoD Books on Demand, Helsinki, Suomi.

Suonsivu, P. 2020. Tie hyviin päätöksiin terveydenhuollossa. BoD Books on Demand, Helsinki, Suomi.

Suonsivu, P. 2021. Yhteistoimintajohtaminen terveydenhuollossa. BoD Books on Demand, Helsinki, Suomi.

Sädevirta, J. 2000. Työkykyä ylläpitävä toiminta henkilöstövoimavaran strategisen johtamisen tutkimisen kannalta. Kuntien Eläkevakuutuksen julkaisuja 3:61–84.

Sädevirta, J. 2004. Henkilöstöjohtamisen ja sen tutkimuksen kehittyminen: Henkilöstöhallinnollisesta johtamisesta voimavarojen strategiseen johtamiseen. Helsinki. Tykes-raportteja 35.

Sydänmaanlakka, P. 2000. Älykäs organisaatio. Tiedon, osaamisen ja suorituksen johtaminen. Helsinki. Kauppakaari.

Sydänmaanlakka, P. 2001. Henkilökohtainen taitokartta: henkilökohtaisten avaintaitojen kartoitusmenetelmän kehittäminen ja analysointi. Lisensiaatintyö. Helsinki. Teknillinen korkeakoulu.

Sydänmaanlakka, P. 2002. An Intelligent Organization. Integrating Performance, Competence and Knowledge Management. Capstone. London.

Sydänmaanlakka, P. 2003. Intelligent Leadership and Leadership Competencies. Developing a Leadership Framework for Intelligent Organizations. Doctoral Dissertation. Helsinki University of Technology. Department of Industrial Engineering and Management.

Sydänmaanlakka, P. 2004. Älykäs johtajuus. Ihmisten johtaminen älykkäissä organisaatioissa. Helsinki. Talentum.

Sydänmaanlakka, P. 2005. Intelligent leadership. Leading People in Intelligent Organisations. Espoo. Pertec Consulting.

Sydänmaanlakka, P. 2006. Älykäs itsensä johtaminen. Näkökulmia itsensä kehittämiseen. Helsinki. Talentum.
Sydänmaanlakka, P. 2007. Intelligent Self Leadership. Espoo. Pertec Consulting.

Sydänmaanlakka, P. 2009. Jatkuva uudistuminen. Luovuuden ja innovatiivisuuden johtaminen. Helsinki. Talentum.

Teikari M. 2004. Näyttö ratkaisee uskomuslääkinnässäkin – miten akupunktuurista tuli salonkikelpoista. Duodecim120: 919-920

Toffler, A & Toffler, H. 2006. Revolutionary Wealth. New York : Alfred A. Knopf.

Torkkola, S. 2008. Sairas juttu. Tutkimus terveysjournalismin teoriasta ja sanomalehden sairaalasta. Akateeminen väitöskirja. Tampereen yliopisto. Tiedotusopin laitos. Tampereen yliopistopaino –Juvenes Print. Tampere.

Torkkola, S. 2014. Muuttuva terveysviestintä, medioituvat terveydet ja sairaudet. Teoksessa U. Järvi (toim.) Tautinen media. Helsinki: Kustannus Oy Duodecim.

Tuominen, K. 2005. Teoksessa: Aaltonen, T., Pajunen, H. & Tuominen, K. Syty ja Sytytä. Valmentavan johtamisen filosofia. Helsinki. Talentum.

Utriainen, K. 2009. Arvostava vastavuoroisuus ikääntyvien sairaanhoitajien työhyvinvoinnin ytimenä hoitotyössä. Väitöskirja. Oulu. Oulun yliopisto.

Vahtera, J., Kivimäki, M., Pentti, J., ym. 2004. Organisational downsizing, sickness absence and mortality: the 10-Town prospective cohort study. BMJ 328:555–557.

Vahtera, J., Kivimäki, M. & Virtanen, M. 2002. Työntekijöiden hyvinvointi ja terveys kunnissa ja sairaalassa. Tutkittua tietoa ja haasteita. Työterveiset 2: 4-6. Helsinki. Työterveyslaitos.

Viitala, Riitta 2007. Henkilöstöjohtaminen. Edita Publishing Oy. Edita. Helsinki.

Vuori, J. & Siltala, J. 2005 Teoksessa: Terveys ja johtaminen, terveyshallintotiede työyhteisöissä. Vuori, J. (toim.). Helsinki. WSOY.

Warr, P. 1990. The measurement of well-being and orher aspects of mental health.Journal of Occupational Psychology 63.

Whetten, D., Cameron, K. & Wood, M. 1996. Developing Management Skills. Effective empowerment & delegation.London: Harper Collins.

Willman-Iivarinen, H. 2020. Consumer Media Choice: Towards a comprehensive model. Päätöksentekotapa ja muut alitajuiset tekijät ohjaavat kuluttajien mediavalintoja. Väitöskirja

Painamaton oheiskirjallisuus

Aarva, P. 2013. Lentävät lautaset ja terveysuskomukset. Liinanbloki.

www.google: Alvin Toffler The Third Wave. 2006. Luettu 4.5.2021.

Aro, A, Mutanen, M, Uusitupa; M (toim.) Ravitsemustiede. Duodecim. Luettu 4.5.2021.

www.google.fi: Harisalo, R. & Stenvall, J. 2001. Luottamus kansalaisyhteiskunnan peruskivenä. Kansalaisten luottamus ministeriöön. Viitattu 22.8.2020

Honkonen, T. 2008. Luento: Tartutaan masennukseen – Keinoja työkyvyttömyyden ehkäisyyn. Masto hanke. 4.11.2008. Tampere talo.

https://journalistiliitto.fi/fi. Luettu 10.5.2021.

www.Marja-Leena Kauronen. Sosiaalisen markkinoinnin käyttö terveyden edistämisessä, osa 3. 2019. XAMK NEXT. Luettu 3.5.2021.

Kunnallinen markkinalaitos. 2007. Työhyvinvoinnin toimintalinjat ja hyvät käytännöt -suositus kunta-alalle.

https: //www.markkinointiliitto.fi.sisallot/terveys - markkinointi.

Maanonen, M. 2008. Luento: Johtoryhmätyön merkitys organisaation menestymisen kannalta. Hyvinvointipalveluiden johdon valmennusohjelma. Edutech 16.10.2008 Ikaalinen.

Manka, M-L. 2008. Hyvinvointivalmentajien koulutusohjelma. Tampereen yliopisto, Kauppa- ja hallintotieteellinen tiedekunta, Tutkimus- ja koulutuskeskus Synergos.

https://www.markkinointiliitto.fi.sisallot/terveys-markkinointi. 2019. Terveys markkinoinnissa – Millaiset väitteet tuotteen terveysvaikutuksissa ovat sallittuja? Elina Saxlin-Hautamaki & Verna Syrjanen. Luettu 17.5.2021.

Maunu, Anna-Maria. Viestintäkoulutus 18.12.2008. Tampereen kaupunki, Hyvinvointipalvelut.

https://mieli.fi/sites/default/files/materials_files/ilmastoa hdistusraportti-mieli2019-web.pdf

www.stm.fi

www.google.fi: Stenvall, J. 2008. Henkilöstövoimavarojen ja työyhteisön johtaminen. Luentosarja. Lapin yliopisto. Viitattu 10.8.2020.

https://www.suomentietokirjailijat.fi. Luettu 17.5.2021.

THL 2017. https://www.thl.fi/tilastoraportti 11/2017.

Toikkanen, Jarkko 2017. Välinemääräisyyden käsite 2010-luvulla. Viestintätieteiden tiedekunnan blogi / Faculty of Communication Sciences blog Viitattu 25.1.2021.

https: //wwwwwwvalio.fi/hyvinvointi/terveys. Kautiainen, 2019.
www.ttl.fi/aihesivut

www.ttl.fi/tyoyhteiso/tyohyvinvointi/

https//terveydellasaara.fi. Närä, Saara. Miksi tavallinen terveys on niin tylsää? 2020. Luettu 4.5.2021.

https//terveydellasaara.fi. Närä, Saara. Räpiköimisestä terveystrendien meressä. 2020. Luettu 4.5.2021.

The Oxford English Dictionary. 2007. http://dictionary.oed.com.

www.google.fi: Vahtera, J. 2000. Työministeriö. Viitattu 14.5.2021.
www.yle.fi . Vehkoo, J. 2019. Vaihtoehtoiset faktat.

Mediassa käytettyjä yleisiä termejä ja lyhenteitä

Bloggaus: Vloggaus, tekstien tai videoiden tuottamista omalle kanavalle. Brändi: Tuote tai tuotemerkki, yritys, henkilö tai muu vastaava, jolle on syntynyt tai esimerkiksi markkinoinnin avulla luotu laaja tunnettuus. Hashtag: Avainsana, joka jäsentää julkaisun aihepiiriä. Kaupallinen yhteistyö: Esimerkiksi julkaisu tai postaus, joka on toteutettu yhteistyössä jonkin mainostajan kanssa. Postaus: Sisältö, internetin kanavassa julkaistu teksti, video tai kuva, esimerkiksi Facebook-päivitys, blogikirjoitus tai kuva Instagramissa. Some: Lyhenne sosiaaliselle medialle, joka on käytössä puhekielessä. Tubettaja: YouTuben kautta toimiva vaikuttaja, joka julkaisee videoita omalla kanavallaan. Vaikuttaja: Sosiaalisessa mediassa toimiva yksityis- tai julkisuuden henkilö, joka omaa paljon seuraajia omissa sosiaalisen median profiileissaan. Vaikuttajamarkkinointi: Yrityksen ja paljon seuraajia omaavan henkilön, eli vaikuttajan välistä yhteistyötä.